Ulli Schubert / Felix Hoffmann

HOOLIGAN

Hase und Igel®

Für Lehrkräfte gibt es zu diesem Buch
ausführliches Begleitmaterial beim Hase und Igel Verlag.

Dieses Buch erschien erstmals 2000 im Arena Verlag, Würzburg.
Für diese Schulausgabe erfolgte eine Überarbeitung gemeinsam mit den Autoren.

www.hase-und-igel.de
Die Schreibweise folgt den Regeln der neuen Rechtschreibung.
Umschlaggestaltung: Appel Grafik München GmbH
Lektorat: Kristina Oerke
Druck: CPI – Ebner & Spiegel, Ulm

ISBN 978-3-86760-109-2
1. Auflage 2010

Inhalt

Prolog

„Bitte beachten Sie folgende Durchsage für Gleis 13", dröhnt eine Stimme durch die Halle des Hamburger Hauptbahnhofs. „Die Ankunft des Sonderzuges zum Auswärtsspiel des FC Hamburg – geplante Abfahrtzeit ist 7:52 Uhr – verzögert sich voraussichtlich um zehn Minuten. Wir bitten um Ihr Verständnis."

Vierhundert, vielleicht fünfhundert Fußballfans stehen wartend auf dem Bahnsteig. Bei einigen macht sich Unmut breit. Buhrufe und vereinzelte Pfiffe gellen durch die Bahnhofshalle. Und einer grölt: „Wir woll'n lo-hos, wir woll'n lo-hos …"

Die meisten sind noch zu müde, um mitzumachen; Freitagnacht ist Partytime, auch vor einem Auswärtsspiel. Die, die ihre großen Fahnen mitgebracht haben, stützen sich auf die Stangen. Andere geben sich gegenseitig Halt. Ein paar schlürfen Kaffee aus Pappbechern. Die Brühe aus dem Automaten schmeckt widerlich, aber sie hält wach. Daneben öffnen die Ersten ihre mitgebrachten Bierdosen. Kaum einer redet. Aus einem Gettoblaster schrillt laute Musik.

„Bist du nicht ganz dicht? Pass doch auf, du Arsch!" Lukas fährt herum und ballt die Faust. Vor ihm steht ein älteres Ehepaar, das auf die Abfahrt des ICE auf Gleis 14 wartet.

Die Frau zuckt verängstigt zusammen.

„Entschuldigung", murmelt ihr Mann und nimmt sie in den Arm.

„Was heißt hier ‚Entschuldigung'?", pöbelt Lukas lautstark.

„Was'n los?" René packt seinen Kumpel am Arm.

„Der Spießer hat mich angerempelt!", braust Lukas auf.

„Ach, lass den alten Sack doch", meint René gelangweilt. „Guck dir den doch an, der ist doch schon scheintot."

„Na und? Ist noch lange kein Grund, mich umzurennen. Soll er doch auf den Friedhof gehen und nicht auf'm Bahnhof abhängen."

„Komm, Lolly, entspann dich. Ist doch viel zu früh, um Ärger anzufangen." René gähnt und blickt den Mann abschätzig von der Seite an. „Na los, verzieh dich."

„Komm", sagt der Mann und führt seine Frau auf die andere Seite des Bahnsteigs.

„Ja, haut bloß ab, bevor ich es mir anders überlege!", ruft Lukas ihnen hinterher. Er zieht eine Dose aus der Jackentasche und reißt sie auf. Der Verschluss knackt, es zischt und in einer hohen Fontäne schießt das Bier heraus.

„Mann, du Arsch, kannst du nicht trinken, oder was?!" René wischt sich mit dem Ärmel seiner Jacke über den kurz geschorenen Schädel.

Die anderen johlen begeistert.

„Leck mich", brummt Lukas vor sich hin. Dumme Sprüche haben ihm gerade noch gefehlt. Die ganze Woche Stress in der Schule, gestern der Zoff zu Hause, keine Kohle für die Auswärtsfahrt und dann auch noch der beknackte Alte eben. Scheiße, alles Scheiße! In einem einzigen Schluck leert er die Dose, zerdrückt sie, lässt sie fallen und nimmt sich gleich ein neues Bier aus einer der Paletten, die unter dem Wagenstandsanzeiger aufgebaut sind. Die anderen lachen immer noch.

Was mache ich hier eigentlich? Wieso bin ich überhaupt ohne Fahrkarte hergekommen?!, denkt Lukas und schnauft verächtlich. Die anderen haben es gut. Die sind alle in der Ausbildung oder haben einen Job und verdienen eine Menge Kohle. Und er? 120 Euro Taschengeld. Kein Wunder, dass am Ende des Geldes immer noch so viel Monat übrig ist.

Um sechs Uhr ist er aufgestanden und zum Bahnhof gefahren, in der Hoffnung, dass ihm einer seiner Kumpels das Geld für die Fahrkarte leihen würde. Pah, hat sich was mit „Kumpels". Die ganze Nacht haben die durchgesoffen, natürlich ohne ihn. Und dann mussten sie auch noch drei Paletten Bier am Bahnhofskiosk kaufen. Drei Paletten! Am Bahnhof! Mann, zwei hätten doch bestimmt auch gereicht. Dann wäre noch eine Fahrkarte drin gewesen.

„Drecksbande", schimpft Lukas leise vor sich hin.

Plötzlich taucht René wieder neben ihm auf. „Mach jetzt bloß keinen Stress, Lolly", sagt er und nimmt sich ebenfalls eine Dose Bier. „Dreh dich lieber mal um. Da geht gerade die Sonne auf."

Fragend sieht Lukas seinen Kumpel an und folgt dann zögernd dessen Blick. Das Mädchen steht ein paar Meter entfernt an der Bahnsteigkante. Die langen blonden Haare sind zu einem Zopf geflochten. Um den Hals baumelt ein Fan-Schal. Nervös zieht es an einer Zigarette und dreht sich immer wieder zur Treppe um.

„Die ist bestimmt auf Speed", meint René und kichert.

Lukas brummt irgendeine Antwort, ohne den Blick von dem Mädchen abzuwenden. Angestrengt überlegt er, mit welchem Spruch er sie anbaggern könnte.

„He, Sanne!“, ertönt in dem Moment eine laute Stimme von der Rolltreppe. Ein Typ winkt lässig, springt die letzten Stufen herunter und schiebt sich durch die dicht gedrängt stehenden Fans.

Über Sannes Gesicht huscht ein Lächeln. „André! Da bist du ja endlich!“ Sie wirft die Kippe weg und fällt dem Typen in die Arme.

„Bah! Jetzt knutschen die auch noch.“ Angewidert dreht Lukas sich um, leert seine Bierdose und rülpst. „Kannste mir mal sagen, was die an dem Affen findet?“

René zuckt mit den Schultern, öffnet zwei Dosen Bier und gibt Lukas eine. „Ist doch egal“, meint er gleichgültig. „Bei der hättest du sowieso keine Chance gehabt.“

„Was soll das denn heißen?!“ Lukas fährt herum und starrt René entgeistert an. „He, sag schon, wie meinst du das?!“

„Ach, Lolly, vergiss es.“ René winkt ab und geht zurück zu den anderen.

„Arschloch!“, schreit Lukas und dreht sich wieder zu dem Pärchen um.

„Mann, du hast verdammtes Glück, dass der Zug Verspätung hat. Sonst hätte ich ohne dich fahren müssen“, sagt Sanne.

„Wie denn? Ich hab doch die Tickets.“ Mit einem Grinsen zeigt André die Fahrkarten und lässt sie wieder in der Brusttasche seines Hemdes verschwinden.

„Stimmt“, meint das Mädchen mit gespielter Empörung. „Ich hätte das Spiel ja auch verpasst! Na ja, anscheinend bin ich dir egal.“

„So ein Quatsch“, lacht André. „Zur Not wären wir eben mit dem Taxi hinterhergefahren. Bei dem Spiel müssen wir einfach dabei sein!" Er klatscht rhythmisch in die Hände und ruft: „Rot-braun sind die Farben – uns kann keiner schlagen!"

Sofort fallen die Umstehenden mit ein, und wenig später dröhnt der Schlachtruf durch den gesamten Hauptbahnhof.

„Eines verspreche ich dir", sagt André lachend. „Wenn wir heute gewinnen, fliegen wir zum nächsten Auswärtsspiel!" Er breitet seine Arme aus, macht ein Geräusch wie ein startendes Flugzeug und umkurvt in wilden Schlenkern seine Freundin.

„So ein Angeber! Hat der die Kohlen zu dick, oder was?" Verächtlich spuckt Lukas aus. „Und die dumme Nuss fällt auf das Gesülze auch noch rein!"

Kichernd schmiegt Sanne sich in Andrés Arme. „Oh ja, Mr Gates. Am liebsten in Ihrem Privatjet." Sie zwinkert ihm zu. „Übertreib's mal nicht, okay? Es reicht schon, dass du mich heute eingeladen hast."

Verliebt lächelt André sie an. „Was soll's. Für dich Geld auszugeben macht einfach Spaß. Und so arm bin ich ja nun wirklich nicht."

„Idiot! Arschloch! Wichser!", knurrt Lukas leise vor sich hin. Er steht nur wenige Schritte entfernt und hört jedes Wort mit, während seine Gedanken sich um das leere Portemonnaie in seiner Hosentasche drehen. Solche Probleme hat der Typ da bestimmt nicht.

Lukas lässt die noch halb volle Bierdose fallen und kickt sie über den Bahnsteig, genau gegen Andrés Fuß.

Der sieht verwundert nach unten, schaut dann auf, lässt seinen Blick schweifen und entdeckt schließlich einen Typen mit kurz geschorenen Haaren, der ihn aus wütend funkelnden Augen anstarrt. André hebt die Dose auf und schlendert betont langsam auf ihn zu. „Ich glaube, die gehört dir. Du hast sie gerade verloren – auf meinem Fuß."

Automatisch greift Lukas nach der Dose, die André ihm mit der Öffnung nach unten an die Brust drückt. In einem dünnen Rinnsal läuft der Rest des Inhalts an Lukas' Jacke hinunter. Ungläubig blickt er an sich hinab, während André zurück zu seiner Freundin geht.

Wütend schleudert Lukas die leere Bierdose weg. Seine Augen verengen sich zu Schlitzen, er ballt die Fäuste. „He, du Arschloch! Komm her, ich hau dir in die Fresse!", schreit er André hinterher.

Doch seine Worte gehen in einer Lautsprecherdurchsage unter: „An Gleis 13 erhält jetzt Einfahrt der verspätete Sonderzug zum Auswärtsspiel des FC Hamburg. Die Abfahrtszeit war 7:52 Uhr. Bitte Vorsicht am Gleis 13!"

Sofort sind die Fußballfans hellwach. Jeder will als Erster einsteigen, um einen guten Platz zu ergattern. Aufgeregt drängeln alle vor. Lukas wird in der Menge hin- und hergeschoben. Doch er gibt nicht auf. Wild mit den Armen rudernd kämpft er sich Schritt für Schritt vorwärts. André lässt er dabei nicht aus den Augen.

Der Zug rollt in den Hauptbahnhof ein und kommt mit kreischenden Rädern zum Stehen. Die Türen werden aufgerissen, die Fans drängen singend in die Wagen: „Und wir fahren endlich los, halleluja …"

Nur noch zwei Meter. Wutschnaubend schiebt und drückt Lukas sich durch die Menge. Ein paar pöbeln, aber das nimmt er kaum wahr. Er hat nur ein Ziel vor Augen …

„Verpiss dich", zischt er einen schmächtigen Jungen an, der sofort erschrocken Platz macht. Geschafft. Lukas steht genau hinter André. Er packt seine linke Hand auf dessen Schulter und zieht ihn herum. Mit der rechten schlägt er sofort zu. Ansatzlos, ohne Vorwarnung.

Für einen Moment starrt André ihn erstaunt an, bevor er benommen zu Boden sackt.

„Bist du nicht ganz dicht?!", schreit Sanne. Sie schubst Lukas zurück und kniet sich auf den dreckigen Bahnsteig. „André, was ist? Sag doch was!"

Von hinten drängen Fans an ihnen vorbei. Kaum einer nimmt Notiz von dem am Boden liegenden Jugendlichen.

„So, du Angeber", sagt Lukas mit einem verächtlichen Grinsen. „Mit mir legt sich niemand an. Hast du verstanden?"

André sieht zu ihm hoch. Seine Augen flattern. Blut läuft ihm aus der Nase und dem Mund.

„Spinnst du?!" Sanne springt hoch und stürmt auf Lukas zu. Der hebt schützend die Arme vor das Gesicht, aber er wehrt sich nicht. Plötzlich wird Sanne von zwei kräftigen Armen gepackt und zurückgerissen.

„Was ist denn hier los?" René sieht Lukas fragend an. „Kommst du jetzt noch nicht mal mehr mit Mädchen klar, oder was?"

„Ich prügle mich nicht mit Mädchen", antwortet Lukas schwach. Er deutet mit dem Kopf auf den immer noch am Boden liegenden André. „Die Alte dreht durch, weil ich dem Arschloch da eine verpasst habe."

„Lass mich los!", schreit Sanne. Sie dreht und windet sich und versucht sich aus Renés Umklammerung zu befreien. „Hilfe, Polizei!"

„An Gleis 13 bitte einsteigen. Die Türen schließen selbsttätig. Wir wünschen eine gute Fahrt – und dem FC Hamburg viel Erfolg", schnarrt es aus dem Lautsprecher. Die Trillerpfeife des Aufsichtsbeamten schallt über den Bahnsteig.

„Mach schon, steig ein", drängelt René. „Ich halte sie so lange fest."

„Aber … ich habe doch keine Karte", stammelt Lukas.

„Scheißegal! Los, geh schon!", schreit René.

Lukas dreht sich um. Er ist bereits halb in den Zug eingestiegen, da fällt ihm plötzlich etwas ein. Mit einem Satz springt er auf den Bahnsteig zurück und greift sich die beiden Tickets aus Andrés Hemdtasche. Mit einem triumphierenden Lachen entert er endgültig den Zug und stemmt sich gegen die Tür. René schubst Sanne weit von sich und klettert hinterher.

Krachend fällt die Tür ins Schloss. Der Zug ruckt an, langsam rollt er aus dem Bahnhof. Lukas reißt das Fenster auf und blickt zurück. Zwei Sicherheitskräfte schlendern langsam über den Bahnsteig, direkt auf den immer noch am Boden liegenden Typen und dessen tobende Freundin zu.

1. Kapitel (André)

Oh, Mann, was ist bloß los? In meinem Kopf dröhnt ein ganzes Geschwader Düsenflugzeuge. Ich zittere vor Kälte, und an meinem Hintern breitet sich eine unangenehme Nässe aus. Wahrscheinlich sitze ich in einer stinkigen Bierpfütze. Ist wohl besser, wenn ich aufstehe. Aber meine Beine gehorchen mir nicht. Völlig fertig bleibe ich sitzen. Ich bin so müde. Wo ist eigentlich meine Baseballkappe? Meine Augen tasten die nähere Umgebung ab. Der Bahnsteig ist übersät mit leeren Bierdosen und anderem Müll. Aber keine Cap. Wo ist das blöde Ding?

Ich hebe den Kopf leicht an. Plötzlich rammt mir jemand ein Messer ins Zahnfleisch! Ein fieser, stechender Schmerz durchzuckt meinen Körper. Verdammt, was war das?! Ich fasse mir ans Kinn, taste alles ab, aber ich spüre nichts. Mein Gesicht ist völlig taub. Und mit dem Kiefer stimmt doch auch etwas nicht. Die obere und untere Zahnreihe passen nicht mehr richtig aufeinander. Alles ist so merkwürdig verschoben! Verdammt, was ist los?!

Mein Mund füllt sich mit Schleim. Vergeblich versuche ich ihn runterzuschlucken. Wieder dieser gemeine Schmerz. Und dazu dieser eklige, metallene Geschmack im Mund. Ich will ausspucken, aber auch das geht nicht. Aus meinem Mundwinkel tropft ein zähflüssiger, roter Speichelfaden auf den Bahnsteig.

Rot? Wieso rot? Ist das etwa …?! Ich wische mir mit dem Handrücken über den Mund. Tatsächlich, Blut!

Plötzlich höre ich Sanne schreien: „Ihr fiesen Schweine, ihr hinterhältigen Arschlöcher!“ Wütend kickt sie gegen eine der vielen herumliegenden Bierdosen.

Zwei Sicherheitsleute kommen auf sie zu. Der eine ist ziemlich groß und trägt einen Schnauzbart. In der Hand hält er ein Funkgerät. Sein Kollege ist klein und dick.

„He, nun beruhigen Sie sich mal, junge Frau," meint der Größere.

Doch Sanne ist auf hundertachtzig. Sie stemmt die Fäuste in die Hüften und schreit den Mann an: „Sie müssen sofort den Zug stoppen. Die haben meinen Freund geschlagen und unsere Fahrkarten geklaut! Diese Schweine! Es kann doch nicht sein, dass die mit unseren Fahrkarten zum Spiel fahren!" Ihre Stimme überschlägt sich. Sie brüllt, als ob der Typ taub wäre.

Der Sicherheitsmann schaut grinsend zu seinem Kollegen. „Ob man die auch irgendwo abschalten kann?"

Keine Chance, Sanne lässt sich nicht bremsen. Sie schreit, kreischt, tobt und schimpft. Bis der kleinere der beiden Uniformierten die Faxen dicke hat.

„Jetzt ist aber Schluss! Ich werde von deinem Geschrei ja noch taub", sagt er ruhig, aber bestimmt.

Das bringt's. Sanne hält die Luft an und stoppt mitten im Satz.

„Mit Fußballfans sollte man sich eben nicht einlassen", sagt der Dicke in einem abfälligen Ton. „Das weiß doch jeder, dass die sich gerne mal prügeln."

Ich sehe, wie Sanne nach Luft schnappt. So ein Idiot! Hat der nicht richtig zugehört? Wenn ich könnte, würde ich ihm was erzählen. Aber irgendwie gehorcht mir mein Mund gerade nicht.

Plötzlich knackt das Funkgerät in der Hand des Dicken und eine verzerrte Stimme ist zu hören. Der Sicherheitsbeamte macht sich sofort zum Gehen bereit. „Hör mal,

Mädchen, wir müssen los. Oben gibt es mal wieder Ärger mit ein paar Junkies."

„Aber ... Sie müssen doch was unternehmen", protestiert Sanne. „Sie können den Typen doch nicht einfach laufen lassen!"

„Okay." Der Lange mit dem Schnauzer sieht seinen Kollegen an. „Nimm du die Täterbeschreibung auf, ich geh schon mal vor. Aber lass mich mit den Süchtigen nicht so lange allein!"

Er verschwindet und Sanne erzählt dem Dicken in Stichworten, wie der Typ aussieht, der mich zusammengeschlagen hat. Ich bekomme das alles nur wie durch eine dichte Nebelwand mit. Die Flugzeuge drehen eine Runde nach der anderen in meinem Schädel.

„He, was ist los mit dir?" Sanne hockt sich neben mich und legt ihren Arm um meine Schulter.

Mann, das tut vielleicht gut! Ihre Nähe, ihr warmer Körper ganz eng an meinem. Ich schließe die Augen.

Es tut so weh, will ich sagen, aber es wird nicht mehr als ein unverständliches Nuscheln. Ich kriege die Zähne einfach nicht auseinander.

„Was hast du gesagt?", fragt Sanne und hält ihr Ohr ganz nah an meinen Mund.

Mühsam wiederhole ich den Satz. Bei jedem Wort schießen Schmerzen durch meinen Kiefer. Ich spüre, wie die Tränen in meine Augen steigen, aber ich will jetzt nicht heulen!

Plötzlich steht der Dicke vor uns. „So, ihr beiden. Ich habe die Täterbeschreibung an die Kollegen in Harburg weitergegeben. Mehr kann ich für euch nicht tun. Ihr kommt hier doch allein klar, oder?"

Er tippt sich an die Mütze und folgt seinem Kollegen.

„Blödmann!", murmelt Sanne ihm hinterher. Dann streicht sie mir über den Kopf. „Schaffst du es, aufzustehen? Oder soll ich vielleicht lieber einen Krankenwagen rufen?"

Krankenwagen?, denke ich. So ein Blödsinn. Ich will doch das Spiel sehen! Die Schmerzen werden schon irgendwann verschwinden. Der Fanzug fährt langsam, außerdem hält er noch ein paarmal. Mit einem IC könnten wir ihn noch locker erwischen. Wir sollten mal fragen, wann der nächste abfährt.

Sanne hilft mir auf die Beine. Kaum stehe ich, explodiert in meinem Kopf eines der Flugzeuge und stürzt ab. Ein heißer Glutball fährt durch meinen Körper bis hinunter in die Beine, dann wird mir kalt. Ich klammere mich an Sannes Arm und taumle beinahe willenlos über den Bahnsteig zu den Rolltreppen.

In der Wandelhalle tobt das Leben, obwohl es noch so früh ist. Die Leute kaufen alles Mögliche: Brötchen, Zeitungen, Blumen ... Energisch bahnt Sanne uns den Weg.

Verdammt, wieso starren die mich alle so merkwürdig an? Links ist das Servicecenter der Bahn. Fahrkarten kaufen, denke ich, Zug nach Bremen ... Ich gehe zwei Schritte auf die Schwingtür zu. Mein Blick bleibt an der Glasscheibe der Tür kleben. Was ist das?!

„Wo willst du denn hin?", fragt Sanne verwundert und zerrt an meiner Hand. „Hier geht's raus!"

Ich rühre mich keinen Millimeter, sondern starre nur mein Spiegelbild an. Aber – bin das wirklich ich? Das kann doch nicht mein Gesicht sein. Die blonden Haare kleben in wirren Strähnen auf der Stirn. Unter der Nase hat sich Schorf gebildet. Die Wangen sind angeschwollen, als wären sie mit Tennisbällen ausgestopft. Der Unterkiefer hängt völlig schief und scheint nicht mehr zu meinem Gesicht zu gehören. Meine Jacke ist übersät mit dunklen Flecken. Ungläubig schaue ich an mir hinunter: Es ist Blut!

Mir wird flau im Magen. Die Knie fangen an zu zittern, meine Hände sind schweißnass. Von hinten drängeln sich Menschen an mir vorbei. Doch ich nehme sie kaum wahr. Mein Blick klebt an der verzerrten Fratze in der Scheibe.

„Au! Mensch, drück doch nicht so!" Sanne will ihre Hand aus meiner zerren. Meine Fingernägel haben sich in ihre Handflächen gebohrt.

„Hörst du mir zu?", fragt Sanne, doch ihre Worte erreichen mich kaum. Sie klingen dumpf, wie durch Watte. Als kämen sie von weit her.

In meinem Kopf dreht sich alles. Wie in Zeitlupe lasse ich ihre Hand los. „Krankenhaus ... Taxi", stammle ich.

Dann geben meine Beine nach. Die Knie knicken ein wie Streichhölzer. Ohne mich dagegen wehren zu können, sacke ich auf den Boden der Bahnhofshalle.

„He, braucht ihr Stoff?", flüstert ein nervöser, hagerer Typ in einem schmuddeligen Jogginganzug im Vorbeigehen.

„Verpiss dich!", zischt Sanne ihm hinterher und wendet sich wieder mir zu. „Komm, André, steh auf! Lass uns bloß von hier verschwinden."

Vorsichtig packt sie mich unter den Armen und hilft mir hoch. Ich kann mich kaum bewegen. Gerne würde ich es Sanne leichter machen. Aber es geht nicht. Meine

Beine geben immer wieder nach. Wie ein nasser Sack hänge ich in ihren Armen und lasse mich aus dem Bahnhof schleifen.

Sanne reißt die Hintertür eines Taxis auf und hilft mir hinein.

„He, halt, stopp!", beschwert sich der Fahrer sofort. Er mustert mich mit einem kalten Blick. „So kommt der mir nicht ins Auto. Der saut mir doch die Bezüge voll. Raus mit euch!"

Das ist zu viel für Sanne. Ihr Gesicht glüht rot vor Zorn. „Hören Sie", sagt sie mit gefährlich leiser Stimme und baut sich vor dem Taxifahrer auf. „Wir sind gerade überfallen worden. Die haben unsere Fahrkarten geklaut und mein Freund wurde zusammengeschlagen. Es geht ihm beschissen. Und wenn Sie uns jetzt nicht augenblicklich ins Krankenhaus fahren, dann vergess ich mich!"

Mit jedem Wort ist ihre Stimme lauter geworden. Den letzten Satz schreit sie dem Taxifahrer ins Gesicht. Er hebt schützend die Hände, als ob er fürchtet, eine verpasst zu bekommen.

Aber Sannes Wutausbruch wirkt.

„Okay, okay, geht ja schon los", lenkt der Fahrer ein und startet den Wagen. „Ins Krankenhaus St. Georg?"

„Ja, klar", antwortet Sanne scharf. „Oder glauben Sie, wir wollen erst gemütlich eine Stadtrundfahrt machen?!"

„Na toll, das lohnt sich ja wieder," grummelt der Taxifahrer und lenkt seinen Wagen auf den kurzen Weg durch die Lange Reihe.

2. Kapitel (Lukas)

Der Zug fährt langsam aus dem Bahnhof. Viel zu langsam! Ich sehe, wie sich die beiden Sicherheitstypen dem Arschloch und seiner Freundin immer weiter nähern. Verdammte Scheißkiste, fahr doch schneller!

Na endlich – Tageslicht. Wir sind raus aus dem Bahnhof. Ich drehe den Kopf zur Seite und lasse mir den Fahrtwind ins Gesicht wehen. Ein Glück, das wäre geschafft!

In meinem Rücken höre ich René, Bobby, Mick und die anderen tuscheln. Durch den Wind und das Rattern des Zuges schnappe ich zwar nur ein paar Wortfetzen auf, aber ich weiß genau, dass sie über mich reden. Ich spüre sogar ihre Blicke. Das hätten sie mir nicht zugetraut, dass ich das Arschloch einfach umniete! Die halten mich für ein Weichei, für einen Versager. Sogar René.

So ein Quatsch. Nur weil ich nicht jede Nacht mit denen auf Sauftour gehe. Ich würde ja gern – wenn ich könnte. Aber dafür reicht die Kohle hinten und vorne nicht. Mann, ich hab nur das bisschen Taschengeld. Gut, ich könnte nachmittags jobben, machen andere ja auch. Ich hab nichts gegen Arbeiten. Es ist nur gar nicht so einfach, was zu finden. Die meisten guten Jobs haben irgendwelche Kanaker. Sagt René auch. Bei ihm in der Firma sind schon über die Hälfte der Arbeitsplätze von Ausländern besetzt. Dreckspack!

Dabei interessieren mich die Kanaker eigentlich überhaupt nicht. In meiner Schule sind sogar einige, die sind total in Ordnung. Aber René und die anderen, die sind echt gearscht. Es stimmt schon, die Ausländer nehmen uns Deutschen die Arbeitsplätze weg. Egal, was in der Zeitung steht. René und die anderen, die wissen das besser. Die kriegen das doch jeden Tag mit bei der Arbeit. „Wir können froh sein, dass wir überhaupt noch Arbeit haben", sagt René. Jeden Tag scheißt der Vorarbeiter ihn zusammen: „Wenn du nicht ranklotzen willst, kannst du gern gehen. Auf deinen Arbeitsplatz warten schon hundert andere!" Das kriegt René bei jeder Gelegenheit zu hören. Ist doch kein Wunder, dass er und die anderen sich immer die Kante geben und auf die Ausländer stinkig sind.

Echt, wenn René und die anderen von der Arbeit erzählen, bin ich immer froh, dass ich noch zur Schule gehe. Obwohl, so locker ist das auch nicht. Es nervt, dass ich oft nicht dabei sein kann, wenn die abends losziehen. Es ist nicht nur wegen der Kohle. Ich könnte die Schule gleich knicken, wenn ich zusätzlich nachmittags jobben und abends auch noch auf die Piste gehen würde. Aber ich muss das Abi schaffen. Unbedingt! Sonst dreht mein Alter durch. Überhaupt, mein Alter …

„He, Lolly, starke Aktion!", unterbricht jemand meine Gedanken und wuchtet mir seine Pranke auf die Schulter. Ich kann es nicht leiden, dass sie mich so nennen. Ich bin doch kein Lutscher.

Trotzdem drehe ich mich um. Vor mir steht Atze, die Glatze. Ein blöder Name! Da finde ich ja Lolly noch besser. Ich weiß auch gar nicht, warum er so genannt wird. Über Atze kursieren die wildesten Geschichten. Es heißt, er sei früher mal Punk gewesen und vom ewigen Färben seien ihm die Haare ausgefallen. Außerdem soll er mit sechzehn von zu Hause rausgeflogen sein, weil er mit einem Nagel auf den Schallplatten seines Vaters sämtliche Lieder angekreuzt hat, die ihm nicht gefielen.

Kann sein, dass sich das nur jemand ausgedacht hat. Vielleicht sogar er selbst. Mir ist es egal, ich halte mich möglichst von ihm fern. Atze ist ein kalter Hund. Hinterhältig, fies, link. Der tritt auch noch zu, wenn einer schon bewusstlos am Boden liegt. Mit dem will keiner was zu tun haben, außer den Typen, die er um sich geschart hat. Und alle haben Schiss vor ihm, selbst seine Leute, auch wenn das keiner von denen zugeben will.

Ich grinse Atze an und sage lieber nichts. Ist auch nicht nötig, denn Atze spielt den Alleinunterhalter.

„Was hab ich euch gesagt?", tönt er. „Aus Lolly wird noch mal einer von uns. Ein echter Hool. Das ist kein Weichei, der macht sich noch!"

Die anderen johlen begeistert und lassen mich hochleben. Atze zieht eine Dose aus der Jackentasche, lässt sie zischen und drückt sie mir in die Hand.

Wahnsinn, denke ich, ein Bier von Atze. Er ist zwar ein Idiot, aber dass er mir jetzt ein Bier gibt, vor den Augen der anderen, das finde ich echt stark.

Ich trinke hastig. Das Bier läuft kalt die Kehle hinunter. Da könnt ihr mal sehen, ihr Arschlöcher! Hat sich was mit Weichei! Ich gehöre schon lange dazu. Ihr habt das bloß noch nicht geblickt. Als wir letztes Jahr die Schlacht mit den Kölnern hatten, habe ich auch einen von denen zu Boden geschickt. Platt war der, vollkommen hinüber. Das hat nur keiner mitbekommen, weil zur gleichen Zeit die Bullen das Gelände gestürmt haben. Und als wir im Frühjahr mit dem Fanprojekt in Mecklenburg-Vorpommern zelten waren, an irgend so einem

See, und plötzlich die Schweriner auftauchten, da habe ich auch einen ausgegongt. Was kann ich dafür, dass der Typ gar nicht zu denen gehörte, sondern nur dabeistand und zusehen wollte? So ein Idiot! Wie kann man nur so blöd sein und bei einer Hauerei zugucken?! Da hat er doch selbst Schuld, wenn er was auf die Mütze kriegt. Zum Glück hat er mich nicht wiedererkannt, sonst hätte ich mir glatt eine Anzeige wegen Körperverletzung eingefangen.

„Macht mal Platz, lasst mich durch!", ruft plötzlich eine Stimme von der Tür.

Holger, einer der Fanbeauftragten, wandert durch den Zug und verteilt die *Info-Post*. Ich finde das Blatt gar nicht so schlecht, da steht immer eine Menge drin.

„Gib schon her, die Zecken-Zeitung!", schreit Atze und reißt dem Fanbetreuer gleich den ganzen Stapel aus den Händen.

„Mach keinen Fehler, Atze!", droht Holger. „Du bist nur auf Bewährung im Zug. Wenn du Blödsinn machst, fliegst du raus."

„Rausfliegen ist 'ne richtig geile Idee", grinst Atze und wirft den Zeitungsstapel mit Schwung aus dem offenen Fenster.

Wie plötzlich lebendig gewordene, riesige Schmetterlinge flattern die einzelnen Blätter davon. Im Waggon herrscht Jahrmarktsstimmung.

Das Gesicht des Fanbeauftragten erstarrt zu einer Maske, die Augen sind nur noch schmale Schlitze. „Okay, das war's", zischt er. „In Harburg ist für dich Endstation!"

„Ach ja? Du willst mich rausschmeißen?", fragt Atze mit einem höhnischen Grinsen, das plötzlich gefriert. „Du bist im falschen Wagen, du Zecke. Verpiss dich!“ Er gibt seiner Truppe einen Wink. „Los, zeigt ihm den Weg.“

Drei, vier seiner Jungs schieben sich an Atze vorbei und bedrängen Holger.

Verdammt! Beinahe zu spät kriege ich mit, dass ich genau im Weg stehe. Ich lasse die Bierdose fallen, tauche ab und krabble auf allen vieren in das nächstbeste Abteil.

„Setz dich“, sagt René. Er rutscht ein Stück zur Seite, schließt die Abteiltür und zieht den Vorhang zu. „Da mischen wir uns lieber nicht ein.“

Mick langt in das Gepäcknetz über sich und holt zwei Dosen Bier herunter. „Hier, du Held“, sagt er und wirft mir eine davon zu. „Erzähl doch mal, was vorhin überhaupt passiert ist. Das ging so schnell …“

Ich fange die Dose, mache sie auf, lasse den schäumenden Schwall auf den Boden klatschen und sehe hinaus. Vor dem Fenster taucht der Harburger Bahnhof auf.

„Das war so …“, fange ich an zu berichten, während die Räder kreischend bremsen und der Zug langsam zum Halten kommt.

3. Kapitel (André)

„Wie lange dauert das denn noch?“ Sanne tigert unruhig in dem kleinen Untersuchungszimmer hin und her. Durch ein staubverschmutztes Fenster dringt mattes Tageslicht. Der Himmel hat sich bewölkt; bestimmt fängt es gleich an zu regnen.

Auch ich verliere langsam die Geduld. Es ist mindestens schon eine halbe Stunde her, dass wir in dieses Zimmer verfrachtet wurden. Seitdem liege ich auf einem schmalen Bett und warte auf den angekündigten Krankenpfleger. Mir geht es schon etwas besser. Wenn ich ruhig liege, sind sogar die Schmerzen zu ertragen.

Mein Blick fällt auf die Uhr an der Wand. Halb zehn. In Gedanken gehe ich die Stationen des Sonderzuges durch. Irgendwo zwischen Bremen und Osnabrück wird der Zug jetzt sein. In drei Stunden wären wir da. Sanne und ich würden jetzt sicher in einem Abteil sitzen und darüber reden, in welcher Aufstellung die Mannschaft wohl aufläuft. Und bestimmt würden wir uns wie immer darüber streiten, wer rechts in der Viererkette spielen sollte. Sanne steht auf Hansi Krause, aber ich finde, der ist zu langsam. Maric – der kann Tempo machen.

Ich versuche mir die beiden vorzustellen. Aber es gelingt mir nicht. In meinem Kopf ist es leer und stumpf. Die Bilder verschwimmen immer wieder vor meinen Augen. Ich zwinkere vorsichtig ein paarmal, um das Flimmern zu vertreiben. Müde starre ich an die kahle, neonbeleuchtete Decke.

Die Tür öffnet sich, ein junger Mann in weißem Kittel betritt das Zimmer.

„Na endlich!“, ruft Sanne erleichtert. „Ich dachte schon, Sie hätten uns vergessen.“

Der Pfleger sieht müde aus. Sein blasses Gesicht und die kleinen Augen verraten, dass er gut eine Mütze Schlaf vertragen könnte. „Guten Morgen“, wünscht er unbeeindruckt. „Und bitte keine Hektik. Ich schmeiße die Station heute fast allein. Da dauert eben alles etwas länger.“

Nach dieser Erklärung nimmt der Pfleger einen Zettel aus dem Schränkchen über dem Bett und zieht einen Kugelschreiber aus der Brusttasche seines weißen Kittels.

„Ich darf dich doch duzen?“, fragt er mit einem Lächeln. Sein Gesicht, das von Rastazöpfen umrahmt ist, wirkt schon viel freundlicher.

Mein Blick fällt auf sein Namensschild. *Hier verbindet Sie Thomas Binder*, lese ich und versuche zurückzulächeln. Aber es geht nicht. Es gelingt mir so gerade eben, die Mundwinkel ein paar Millimeter nach oben zu ziehen. Ein kurzes, zustimmendes „Hmm“ ist alles, was ich herausbringe.

„Du bist ja Fußballfan“, sagt er mit einem Blick auf mein Trikot. „Ich bin auch oft beim FC.“ Er stutzt. „He, aber heute ist doch ein Auswärtsspiel!“

„Genau da wollten wir ja auch hin“, meldet Sanne sich zu Wort. „Mit dem Sonderzug. Aber dann haben uns diese Typen auf dem Bahnsteig angemacht.“

„Moment mal, was für Typen? Etwa FC-Fans? Die haben deinen Freund zusammengeschlagen?“, fragt Thomas fassungslos. „Das glaube ich nicht.“

„Stimmt aber“, sagt Sanne trotzig.

Der Pfleger legt Zettel und Schreiber aus der Hand und verschränkt die Arme. Wie ein Polizist bei der Vernehmung eines Verdächtigen mustert er zuerst Sanne und dann mich. „Seit wann prügeln sich Fans vom selben Verein? Dafür müssen die doch einen Grund gehabt haben. Hast du Ärger gesucht?“ Prüfend sieht er mich an. „Bist du etwa einer von diesen verdammten Hooligans?“

Was soll das denn jetzt? Ist der nicht ganz dicht? Ich will ihm erklären, dass ich überhaupt nichts gemacht habe und ganz bestimmt kein Hool bin. Aber keine Silbe kommt über meine Lippen. Dabei liegen die Worte doch auf meiner Zunge. Hilfesuchend schaue ich Sanne an.

„Quatsch!“, stellt sie sofort klar. „André würde sich niemals mit jemandem prügeln.“ In wenigen Worten berichtet sie Thomas, was passiert ist.

Die Gesichtszüge des Pflegers entspannen sich. Er beugt sich über mich und beginnt vorsichtig mein Gesicht abzutasten. „Sag Bescheid, wenn etwas wehtut.“

Nach der Untersuchung setzt er sich an den kleinen Tisch, der in der Ecke neben dem Fenster steht, und macht sich Notizen.

„Ich habe noch ein paar Fragen“, sagt er abschließend. „Aber vielleicht ist es besser, wenn deine Freundin die beantwortet.“

Ich schließe die Augen und höre in der Dunkelheit Sannes Stimme. Sie sagt, dass ich siebzehn bin und wo ich wohne. Doch schon bei der Anschrift meines Arbeitgebers muss sie passen. Von der Versicherungsnummer ganz zu schweigen. Die weiß ja nicht mal ich auswendig.

„Macht nichts“, sagt Thomas, „das kriegen wir schon noch raus.“

Ich höre ihn näher kommen und öffne die Augen. Das grelle Licht tut weh.

„Ich werde dich jetzt zum Röntgen bringen, damit wir genau wissen, was los ist“, sagt er. „Alles Weitere wird dir dann der Arzt erklären.“

Das Röntgen dauert nicht lange. Danach werde ich zurück in das Untersuchungszimmer gebracht und bekomme eine schmerzstillende Spritze. Tatsächlich verschwindet das Ziehen aus dem Zahnfleisch. Aber es puckert noch im Kiefer.

Sanne und ich sind wieder allein. Keiner von uns beiden sagt etwas. Das einzige Geräusch im Raum ist das Trommeln von dicken Regentropfen an die Fensterscheibe. Ich schließe die Augen und versuche zu dösen.

Sanne setzt sich zu mir und streichelt zärtlich über meinen Kopf. „Willst du dein Tageshoroskop hören?“, fragt sie leise.

Sie steht auf diesen Quatsch. Ich interessiere mich eigentlich überhaupt nicht dafür. Aber natürlich höre ich es mir doch immer wieder an.

Sanne zieht eine Zeitung aus ihrem Rucksack. „Einer unangenehmen Begegnung sollten Sie heute unbedingt aus dem Weg gehen“, liest sie vor.

Blödsinn, denke ich, das steht da nicht. Ich strecke meine Hand aus, um nach der Zeitung zu greifen. Aber Sanne hält sie so, dass ich nicht herankomme.

Sie kichert. „Glaubst du mir etwa nicht?“, fragt sie mit gespielter Empörung.

Nein, kein einziges Wort. Ich runzle die Stirn und sehe sie zweifelnd an. Aber das scheint sie nur wenig zu beeindrucken.

„Ich habe ja schon immer gesagt, dass du mehr auf die Sterne hören solltest“, sagt sie und kichert.

Einen Moment später steht der Arzt im Raum. Er begrüßt uns beide kurz und nimmt aus einer Mappe den Zettel, den der Pfleger ausgefüllt hat. Mit ernster Miene liest er die Notizen. Dann nimmt er die Röntgenbilder, hält sie gegen das Licht und betrachtet sie aufmerksam.

„Hmm“, macht er nachdenklich. „Und Sie haben starke Schmerzen im Kieferbereich?“

„Er kann ja nicht einmal sprechen“, antwortet Sanne an meiner Stelle.

Wie zuvor der Pfleger tastet er vorsichtig meinen Kiefer ab. Dann lehnt er sich zurück und mustert mich.

Einige Sekunden vergehen. Sie kommen mir vor wie eine Ewigkeit. Meine Nerven sind zum Zerreißen gespannt. Nervös fummle ich am Bettbezug. Ich fühle mich wie ein Angeklagter vor dem Richter. Welches Urteil wird er fällen?

„Also, ich will es kurz machen“, sagt der Arzt endlich. „In der Nase ist wohl nur eine Ader geplatzt. Aber der Kiefer ist gebrochen. Sogar auf beiden Seiten.“

Kieferbruch! Wie eine Leuchtreklame blinkt das Wort in riesigen Lettern vor meinen Augen. Kieferbruch!

Der Arzt redet weiter, seine Stimme hallt in meinen Ohren. Aber ich höre nicht mehr zu. Ich muss plötzlich an den kleinen Nachbarjungen denken, der vor ein paar Monaten beim Fahrradfahren direkt vor unserem Haus heftig gestürzt ist. Der hatte auch einen Kieferbruch und konnte wochenlang nicht in die Schule gehen.

Wochenlang! Was wird mein Chef bloß dazu sagen? Ich habe doch gerade erst mit der Ausbildung begonnen. Und nächste Woche geht auch noch die Berufsschule los. Wenn ich jetzt mehrere Wochen ausfalle – wie soll ich das nur aufholen? Die Stadionbesuche kann ich mir wohl auch abschminken. Und nächste Woche wollten Sven und ich doch unsere Mopeds reparieren, damit wir endlich wieder zusammen durch die Gegend heizen können.

Mir schnürt sich die Kehle zu, Tränen steigen mir in die Augen. Vor lauter Frust würde ich am liebsten schreien, aber nicht einmal das geht.

Immer mehr Gedanken schießen durch meinen Kopf. Was ist, wenn der Bruch so schlimm ist, dass sie den Kiefer nicht wieder richtig zusammenbekommen? Wenn alles so schief bleibt? Ob ich je wieder richtig sprechen kann? Und im Stadion laut jubeln und singen? Zweifacher Kieferbruch. Verdammt, warum gerade ich?!

4. Kapitel (Lukas)

Mann, ist das ein geiles Gefühl. Total schräg. Ich erzähle und die anderen hören zu. Sogar aus den anderen Abteilen kommen welche vorbei und ich muss immer wieder von vorne anfangen. Keiner macht einen dummen Spruch. Und wenn, dann nur über das Arschloch, das ich ausgeknockt habe. Als ich endlich zu Ende erzählt habe, bombardieren sie mich mit Fragen. Vor allem Bobby will alles ganz genau wissen. Ich glaube, so viel wie in der letzten halben Stunde habe ich noch nie geredet.

Mick versorgt mich mit Bier. Zwei Dosen hab ich schon wieder gekillt. Cool ist das, Alter, absolut cool!

„Irgendetwas stimmt nicht", sagt Andi plötzlich.

„Wie kommst du denn da drauf?", pöble ich ihn an. „Das stimmt alles. Frag doch René, der hat …"

„Ich mein doch nicht dein Duell, du Halbglatze", fällt Andi mir ins Wort. „Mit dem Zug! Merkt ihr das nicht? Die verdammte Mistkiste steht schon seit 'ner halben Stunde in diesem beschissenen Bahnhof!"

„Stimmt!", lallt Mick. Er versucht aufzustehen und schafft es tatsächlich beim dritten Anlauf, sich hochzustemmen. Schwankend steht er am offenen Fenster und hält sich an dem dreckigen Vorhang fest. „Wieso fährt dieser Scheißzug nicht weiter?!"

Mann, ist der hacke!

„Hamburg-Harburg", liest er laut vor, was auf dem Schild steht, das direkt vor unserem Abteil baumelt. „Harburg. Das kenn ich – das ist scheiße. He, ich will hier weg!"

„Mist, gleich gibt's Ärger", raune ich.

„Wieso?", fragt René.

Ich deute aus dem Fenster. Der Aufsichtsbeamte ist auf Mick aufmerksam geworden, kommt langsam näher und baut sich in sicherer Entfernung vor ihm auf.

„He, Mützen-Mann!", labert Mick ihn an. „Ja, du da, mit dem roten Käppi! Sieht geil aus, das Teil. Willste tauschen?"

Er reißt sich seine FC-Cap vom Kopf und schwenkt sie in der Luft.

„Mann, stopft ihm endlich das Maul, sonst fahren wir nie weiter", stöhnt René genervt.

„Ja, genau", schnappt Mick das Stichwort auf. „He, Mützen-Mann! Los, stopf dir mal dein Triller-Dingsda ins Maul und mach Alarm. Wir müssen weiter, verstehste. Wir wollen nach …", er denkt einen Augenblick angestrengt nach, dreht sich dann um und sieht uns fragend an. „Wohin woll'n wir noch mal?"

Niemand antwortet.

„Ach, is' ja auch egal", lallt Mick. Er steckt seinen Kopf aus dem Fenster und grölt: „Berlin, Berlin, wir fahren nach Berlin!"

„Boah, ist der voll!", meint Bobby. „Was hat der denn schon alles vernichtet?"

„Fünf Dosen?", schätze ich.

„Fünf?" Mick dreht sich wieder um und grinst mich mit glasigen Augen an. „Das war die neunte!"

Er zerquetscht die leere Dose, schleudert sie aus dem Fenster genau vor die Füße des Aufsichtsbeamten und will sich gleich die nächste aus dem Gepäcknetz nehmen. Doch er greift ins Leere, verliert das Gleichgewicht, stürzt und fällt genau auf Bobby.

„Pass doch auf, du Idiot!“, stöhnt der angewidert und schubst Mick zurück auf dessen Platz. „Ist schon scheiße, wenn man nicht saufen kann, was?“

René lacht dreckig. „Sieh mal nach, was los ist“, sagt er dann zu mir.

„Geht klar.“ Ich springe auf und werfe einen vorsichtigen Blick aus dem Fenster.

Der Typ mit der roten Mütze starrt mich böse an.

„War nicht so gemeint“, sage ich mit einem Achselzucken und deute auf Micks Bierdose. „Wieso fahr'n wir nicht weiter?“

Doch der Typ gibt keine Antwort. Er bückt sich, nimmt die Dose mit spitzen Fingern hoch und schlendert davon, um sie in einen Müllbehälter zu werfen.

Was für ein Idiot. Aber ich sehe auch so, warum es nicht weitergeht. „Bullen“, zische ich.

„Im Zug?“, fragt René. „Was woll'n die denn?“

Blöde Frage. Woher soll ich das wissen?

„Bestimmt wegen Atze“, vermutet Bobby.

„Glaub ich nicht“, meint René. „Holger würde sich niemals mit Atze anlegen. Dafür hat die Zecke viel zu viel Schiss! Außerdem – wenn Holger die Bullen gerufen hätte, könnten sie noch gar nicht hier sein. Das sind doch lahme Krücken.“

„Stimmt“, sagt Andi nachdenklich. Er dreht langsam seinen Kopf zu mir herum und sieht mich abschätzig an. „Aber was wollen die Bullen wohl dann hier im Zug? Na, Lolly, hast du vielleicht 'ne Ahnung?!“

Es dauert einen Augenblick, bis ich begreife, was er meint. Ich spüre, wie mir das Blut aus dem Kopf in den Magen rauscht und da für Randale sorgt. Mann, wenn das stimmt! „Glaubst du echt, die Bullen sind meinetwegen hier?“, frage ich Andi und kann nicht verhindern, dass meine Stimme ein bisschen zittert.

Andi nickt breit grinsend und öffnet den Mund, um zu antworten, aber René kommt ihm zuvor. „Mach dir bloß nicht ins Hemd, Lolly. Du hast dem Arschloch ein mächtiges Ding verpasst. Der liegt bestimmt noch im Koma. Und seine Alte war doch völlig hysterisch. Die beiden waren niemals in der Lage, dich zu beschreiben. Also, bleib cool, Mann.“

Cool bleiben? Klasse Idee. Aber wie?

„Und was ist, wenn Andi recht hat?“, frage ich zweifelnd.

„Dann hauen wir die Bullen eben weg“, sagt René lapidar. „Mann, jetzt reiß dich zusammen. Wieso machst du auch so'n Mist?“

„Aber …“, stammle ich verwundert. Was läuft denn hier plötzlich für eine Nummer? Eben fanden es doch noch alle geil, dass ich das Arschloch ausgegongt habe!

„Nix aber“, macht René mich an. „Mann, Alter, ich hab dich sogar noch gewarnt. Mach keinen Stress am frühen Morgen, hab ich gesagt. Stimmt's?“

„Ja, schon“, gebe ich zu, auch wenn das in einem ganz anderen Zusammenhang war, nämlich als der Zombie rumgenervt hat.

Verstohlen sehe ich mich im Abteil um und spüre deutlich, dass die Bereitschaft, mir im Notfall zu helfen, ziemlich gering ist.

„Das musst du verstehen“, sagt Bobby prompt, als ob er meine Gedanken lesen könnte. „Wir wollen unbedingt zum Spiel.“

„Du? Zum Spiel?" Das ist doch ein schlechter Witz! Ausgerechnet Bobby. Der hat null Ahnung von Fußball. Null! Er fährt nur zu einem Auswärtsspiel mit, weil alle fahren. Was soll also das dumme Gequatsche?

„Na ja …", druckst Bobby herum.

Verdammt, da ist doch was im Busch! Das spüre ich ganz genau.

René wirft Bobby einen tödlichen Blick zu, stöhnt genervt auf und dreht sich mit einem gelangweilten Gesichtausdruck zu mir um. „Mann, wenn du es unbedingt wissen willst: Wir haben nach dem Spiel noch eine Verabredung. Okay?!"

„Wie, 'ne Verabredung? Zu 'ner Schlacht, oder was?"

„Klar, Alter. Wozu sonst? Vielleicht zum Kaffeetrinken im Altenheim?"

René sieht mich an, als sei ich der unangefochtene Sieger bei der Olympiade der Dorftrottel. Und genau so fühle ich mich im Moment auch. Diese Arschlöcher! Verabreden sich zu einer Hauerei und sagen mir keinen Ton davon. Dabei hätte ich gleich wissen müssen, dass etwas Besonderes angesagt ist, als Atze, die Glatze, mit seiner Truppe anmarschiert kam. Die fahren auch nur mit auf Auswärtstour, wenn Blutsuppe angesagt ist.

„Mit wem?", frage ich und versuche, meine Wut und Enttäuschung nicht zu zeigen. „In dem Kaff gibt's doch gar keine Hools."

„Wir fahren gleich nach dem Spiel weiter nach Köln", erklärt René.

„Die Revanche gegen die Kölner also. Und ihr habt alle davon gewusst?" Fragend sehe ich mich im Abteil um.

„Logen, Alter", lallt Mick und lächelt in seine zehnte Dose Bier, die er mittlerweile mühevoll aus dem Gepäcknetz geangelt hat.

Bobby nickt verlegen, weil er sich verplappert hat, während Andi mich geradeheraus angrinst und mir damit deutlich zeigt, wie viel er von mir hält. Beziehungsweise wie wenig.

„Das musst du nicht persönlich nehmen", meint René lapidar.

„Ach was? Wie denn sonst?", gifte ich ihn an.

„Wir wollten dich schützen", erklärt er. „Du hattest kein Geld, um mitzufahren. Also haben wir beschlossen, dir von dem Kampf mit den Kölnern nichts zu sagen, damit du nicht traurig wirst."

„Ihr könnt mich mal", zische ich. Verdammt! Die machen mich zum Idioten und dann verarschen sie mich auch noch kalt lächelnd. Ich bin kein Weichei! Das habe ich doch vorhin erst bewiesen!

Mensch, mir wird ganz schlecht, wenn ich daran denke. Wenn ich nicht zufällig diese Null umgenietet und seine Tickets abgezogen hätte, wüsste ich mal wieder von nichts! Die würden locker zu einer Hauerei fahren, und ich säße zu Hause, ahnungslos, wie eine trübe Dumpfbacke.

So kann das nicht mehr weitergehen. Ich muss einfach öfter mit den anderen losziehen. Aber wie, so ohne Kohle? Vielleicht sollte ich doch die Schule sausen lassen. Was soll ich mit dem Abi? Bringt doch eh nichts. Geh ich halt arbeiten. Vielleicht kann Bobby mir einen Arbeitsplatz besorgen. In seiner Firma suchen sie manchmal Leute, hat er gesagt.

„Ach komm, Lolly, jetzt entspann dich!“ René schlägt einen versöhnlichen Tonfall an. „Nach der Nummer heute am Bahnhof bist du beim nächsten Mal unser Ehrengast. Echt, wir laden dich ein. Stimmt doch, Leute, oder?“

„Leck mich“, zische ich, während die drei anderen im Abteil Renés Vorschlag murmelnd zustimmen.

Plötzlich wird die Abteiltür aufgerissen.

„Raus!“, schreie ich, fahre wütend herum – und zucke zusammen! Ein Bulle steht im Gang. Er mustert jeden Einzelnen von uns eingehend. Sein Blick bleibt an mir hängen. Er stutzt, blickt auf den Zettel, den er in seiner Hand hält, und sieht mich wieder an.

„Du“, sagt er und deutet mit dem Finger auf mich.

„He, man zeigt nicht mit nacktem Finger auf angezogene Leute“, lenkt René ihn von mir ab. „Hat schon meine Mama immer gesagt.“

Langsam und vollkommen ruhig wendet der Bulle seinen Kopf, bis er René genau in die Augen sieht.

„Wenn Typen wie du öfter auf ihre Mütter hören würden, hätten wir nicht so viel Ärger mit euch“, sagt er gelassen. „Und ansonsten hast du jetzt Sendepause.“

Er sieht wieder mich an. „Du“, wiederholt er. „Steh auf!“

Mist, der Bulle verunsichert mich total. Ich weiß nicht, was ich machen soll. Aufstehen? Ihn anpöbeln? Oder einfach ignorieren?

„Hoch mit dir!“, schnauzt der Bulle mich an. „Wird’s bald?“

Ach, was soll’s, steh ich halt auf. Wenn er mich so höflich bittet …

„Du bleibst sitzen", meint René cool und drückt mich zurück in die mit rotem Kunststoff bezogene Sitzbank. „Warum soll er denn aufstehen?", fragt er den Bullen.

„Kurz vor Abfahrt dieses Zuges wurde am Hauptbahnhof ein Raubüberfall verübt. Die Täterbeschreibung passt genau auf deinen Kollegen."

Mich durchzuckt sofort der nächste Schreck, aber René lässt sich nicht so schnell beeindrucken.

„Täterbeschreibung?" Er lacht höhnisch. „Lolly sieht doch genauso aus wie wir alle."

„Fast", sagt der Bulle. „Die Freundin des Opfers hat den Täter ziemlich genau beschrieben, unter anderem soll er einen großen Bierfleck auf seiner Jacke haben."

„Einen Bierfleck auf der Jacke – das ist alles?" René springt auf, reißt Mick die fast leere Bierdose aus der Hand und gießt sich den Rest genüsslich über seine eigene Jacke. Bobby und Andi folgen grölend seinem Beispiel.

„So, du Superschnüffler", lacht René den Bullen aus. „Wen willst du jetzt festnehmen? Uns alle? – Na? Du Null! Mach, dass du aus unserem Abteil verschwindest. Und steigt endlich aus unserem Zug aus, wir wollen weiterfahren."

Der Bulle lässt sich nicht provozieren. Er weicht einen Schritt zur Seite und winkt seine Kollegen heran. „Einsatz", befiehlt er kurz und deutet auf René und mich. „Vorläufig festnehmen, alle beide."

Sofort herrscht Chaos in unserem Abteil. Andi springt auf, reißt die Tür zu und stemmt sich dagegen. Bobby ballt die Fäuste und droht den Bullen mit hassverzerrtem Gesicht. Sogar Mick ist durch den Vorfall plötzlich wieder bewegungsfähig geworden. Er nimmt eine neue Bierdose, schüttelt sie, reißt sie auf und sprüht den Schaum gegen die Scheibe in der Abteiltür. Für einen kurzen Moment ist den Bullen die Sicht genommen.

„Los, raus!", schreit René. Er springt auf, zieht mich hoch – und ehe ich es begriffen habe, sind wir beide durch das Fenster geklettert, rennen den Bahnsteig entlang und stolpern die Treppen zur S-Bahn hinunter.

„Zurückbleiben, bitte", sagt die blecherne Stimme vom Band.

Wir schaffen es gerade noch, in den letzten Wagen der S-Bahn zu springen, bevor sich die Türen zischend schließen, und lassen uns auf eine Sitzbank fallen.

„Mann, Alter, war das geil!", stöhnt René und saugt gierig die Luft ein.

„Cool!", japse ich genauso fertig.

„Ich möchte die Gesichter von den Bullen sehen", lacht René. „Mann, haben wir die verarscht!"

„Echt, Alter, das war spitze!" Ich wuchte ihm meine Faust an die Schulter. „Danke."

„He, Lolly, locker bleiben." René hebt abwehrend die Hände, rückt ein Stück von mir weg und sieht plötzlich nachdenklich aus.

„Ist nur blöd, dass wir jetzt die Schlacht mit den Kölnern verpassen", sage ich entschuldigend.

„Wer sagt denn, dass wir in Köln nicht mitmischen?" René grinst. „Wir fahren jetzt zum Hauptbahnhof, kaufen Karten und fahren den anderen einfach hinterher."

„Geile Idee", seufze ich. „Aber ich kann nicht."

„Wegen der Kohle? Mach dir deswegen keine Sorgen, Alter. Ich zahl für dich mit. Das hast du dir verdient."

„Super!" Ich schaue auf die Uhr. „Aber wir müssten schon sofort einen Zug erwischen, wenn wir das Spiel noch sehen wollen."

„Das Spiel?" René sieht mich an, als hätte ich den größten Schwachsinn der Welt erzählt. „Du bist echt ein Spinner! Wen interessiert denn das Spiel? Wichtig ist nur die Schlacht, und zu der schaffen wir es bestimmt."

Verflucht, Mann, wieso bin ich denn gleich ein Spinner, nur weil ich das Spiel gern sehen würde? Ich merke, dass ich sauer werde, obwohl es auch guttut, endlich richtig dazuzugehören. Anscheinend ist das jetzt wohl so, sonst würde René mich doch nicht einladen! Also sage ich lieber nichts. Im Moment ist es eindeutig besser, das Maul zu halten.

5. Kapitel (André)

Was brummt denn da? Wie ein Taucher, der an die Wasseroberfläche schwimmt, steige ich langsam auf in die Wirklichkeit. Endlich öffne ich die Augen und sehe nur weiße Wände um mich herum. Anscheinend liege ich in einem Krankenzimmer.

Das Brummen kommt von der großen Neonlampe an der Decke. Sie brennt, obwohl es draußen hell ist. Eines der Lichter scheint einen Wackelkontakt zu haben.

Allmählich verschwindet der Nebel aus meinem Kopf. Erinnerungen werden wach: an die unangenehme Betäubungsspritze in den Mund, an das merkwürdige Gefühl, als kurz darauf der Mund taub wurde. Daran, dass ich im Operationssaal gelegen und alles um mich herum mitbekommen habe. Ich sehe den Chirurg mit seinen furchterregenden Werkzeugen und die nette OP-Schwester, die mir über die Haare streicht und beruhigend zuzwinkert.

Irgendwann war ich ausgeknockt – Filmriss. Wie lange mag das her sein? Ich versuche meinen Arm zu heben, was ebenso anstrengend wie sinnlos ist. Die Uhr musste ich nämlich vor der Operation abnehmen.

Mühsam drehe ich den Kopf zur Seite und registriere, dass sie auf dem Nachtschrank liegt. Doch die Zeiger sind zu klein und die Ziffern verschwimmen vor meinen Augen.

Plötzlich spüre ich noch etwas anderes. In meinem Mund drückt und spannt es. Ach ja, richtig, das ist bestimmt diese komische Klammer, die sie mir eingesetzt haben. Mit der Zunge taste ich vorsichtig an den Zähnen entlang, die in einer Art Drahtgeflecht stecken. Es fühlt sich kalt und fremd an. Und nirgendwo ist eine Lücke! Ich versuche den Mund zu öffnen, aber es geht nicht. Der Oberkiefer und der Unterkiefer sind durch den Draht fest miteinander verbunden. Alles ist steif und unbeweglich. Ich versuche durch den Mund zu atmen, doch ich bekomme nicht genug Luft. Panik steigt in mir hoch.

Im selben Moment springt die Tür auf und meine Mutter kommt herein. Mit zwei, drei schnellen Schritten ist sie bei mir, hält mich fest und redet sanft auf mich ein.

Langsam gelingt es mir, durch die Nase zu atmen und mich wieder zu beruhigen.

„André, mein Junge, wie geht es dir?", fragt Ma besorgt.

Ich weiß nicht, was ich antworten soll. Schlecht, weil mein Kopf sich anfühlt, als ob er in Gips gegossen wäre? Oder gut, weil die Schmerzen nachgelassen haben und die Operation überstanden ist?

„Ganz okay", presse ich zwischen den zusammengebundenen Zähnen hervor und wundere mich über meine eigene Stimme. Sie klingt ganz seltsam, wie die von Kermit, dem Frosch aus der Sesamstraße.

Ich komme mir komisch vor. Sehe ich irgendwie verändert aus? Bestimmt habe ich dicke Backen und eine tiefe, blutrote Schnittwunde irgendwo im Gesicht. Gott sei Dank hängt hier kein Spiegel. Ich bin noch nicht fit genug für den Anblick von Frankensteins Monster.

„Du bist ja noch ganz blass um die Nase. War die Operation schlimm?" Ma sieht mich mitleidig an und drückt mir einen mütterlichen Kuss auf die Stirn.

„Wie spät ist es?“, frage ich nuschelnd zurück. Mann, ich quake tatsächlich wie ein Frosch! Und ein vernünftiges S oder Z bringe ich auch nicht heraus. Meine Mutter versteht mich anscheinend trotzdem.

„Kurz nach eins.“

„Und welcher Tag?“

„Montag, natürlich.“ Ma blickt mich verwundert an. „Es ist Montagmittag. Vor zwei Tagen bist du zusammengeschlagen worden, und heute Morgen haben sie dich operiert. Weißt du das nicht mehr?“

„Doch“, antworte ich. „Aber was war gestern?“

„Gestern hast du fast nur geschlafen. Wir haben dich besucht, aber das hast du wohl nicht mitbekommen. Sanne war übrigens auch da.“

Sanne! Ein wunderbares Gefühl durchströmt meinen Körper und will ein Lächeln auf mein Gesicht zaubern. Aber auch das geht nicht. Ein heftiger Schmerz durchzuckt mich.

Ma hat das nicht mitbekommen. Sie steht an meinem Schrank und legt die Sachen hinein, die sie mitgebracht hat. Plötzlich beginnt sie, eine Frage nach der anderen zu stellen.

Ich antworte ziemlich kurz angebunden, weil ich mit den Gedanken bei meinem Kiefer bin. Wie weit kann ich den Mund öffnen? Wo drückt es besonders? Was kann ich überhaupt noch mit meinem Mund machen?

Ma stört es nicht, dass ich kaum antworte. Fürsorglich zieht sie die Bettdecke zurecht und wuselt durch das Zimmer, wie es ihre Art ist. Sie stellt die mitgebrachten Blumen auf den Tisch, öffnet das Fenster und schaltet endlich das Neonlicht aus. Dabei redet sie die ganze Zeit auf mich ein. Grüßen soll sie mich von den verschiedensten Leuten. Vater schafft es erst heute Abend, berichtet sie, weil er arbeiten muss, und Sanne will nach der Schule vorbeikommen.

„Ach ja, und mit deinem Chef habe ich auch schon gesprochen“, sagt sie schließlich.

Verdammt! Das wollte ich doch machen. Typisch. Kaum liege ich im Krankenhaus, werden ihre mütterlichen Instinkte wieder wach. Will sich um alles kümmern. Als ob ich das nicht selbst könnte! Das ist doch nun wirklich meine Angelegenheit. Ist schließlich mein Ausbildungsplatz.

Für einen Moment bin ich sauer. Aber ich will jetzt nicht mit ihr streiten. Wie soll ich das auch machen, ohne vernünftig reden zu können?

„Was hat er denn gesagt?“, frage ich lispelnd.

„Nicht viel. Nur, dass du dich melden sollst, wenn es dir besser geht, und dass er eine Krankmeldung braucht.“

Ich kann mir meinen Chef gut am Telefon vorstellen. Wie er mit seiner tiefen Stimme mehr in seinen Bart als in den Hörer brummt. Ich glaube, ich habe ihn noch nie mehr als zwei Sätze am Stück reden gehört. Wenn er uns etwas erklärt, sagt er immer nur: „Hier, so musst du das machen.“ – Dann zeigt er uns die Handgriffe und verschwindet wieder hinter seine Werkbank.

„Hast du ihm erzählt, wie es passiert ist?“, will ich weiter wissen.

Ma nickt.

Das habe ich befürchtet. Das kann ich mir jetzt bestimmt ewig anhören. Mein Chef hält nämlich überhaupt nichts von Fußball, und von Fußballfans schon gar nichts. Das hat er mir schon einige Male zu verstehen gegeben. Erst neulich, als die Krawalle in Rostock waren. Da kam er am Montag in den Betrieb und hat mir die Zeitungsausschnitte unter die Nase gehalten. „Hier, da siehst du mal wieder, wie ihr Fußballfans euch benehmt. Ihr solltet mal lieber was Vernünftiges mit eurer Freizeit anstellen!“, hat er gemeckert und sich furchtbar aufgeregt.

Mit „was Vernünftiges“ meint er, mit dem Boot aufs Meer zu fahren und zu angeln. So verbringt er nämlich seine Wochenenden. Um ihn herum nur Wasser und die totale Ruhe. Bloß keinem Menschen begegnen. Da würde ich mich doch schon nach drei Stunden lieber erschießen.

Es klopft und der Stationsarzt kommt herein. Er ist nett. Ganz ausführlich hat er mir vor der Operation erklärt, was mich erwartet.

„Hast du noch Schmerzen?“, fragt er mich, nachdem er zuerst Ma begrüßt hat.

„Dieser merkwürdige Draht in meinem Mund sitzt so fest“, presse ich hervor.

„Das muss leider so sein, du wirst dich daran gewöhnen“, sagt der Arzt bedauernd.

Daran gewöhnen?! Wie soll ich mich daran gewöhnen, dass ich den Mund nicht mehr öffnen kann?

Vorsichtig tastet der Arzt meinen Kiefer ab. Dann schiebt er meine Lippen auseinander und überprüft den Sitz der Klammer.

„Das sieht alles sehr ordentlich aus. So sollte der Kiefer wieder gut zusammenwachsen können.“ Er lächelt zufrieden. „Aber du musst ihn in der nächsten Zeit immer schön ruhig halten. Keine ruckartigen Bewegungen.

Wenn du dich zu heftig bewegst, wird es ein bisschen wehtun. – Na, du wirst schon sehr bald selber merken, was möglich ist und was nicht."

„Wie lange muss ich dieses schreckliche Ding denn tragen?", will ich wissen.

„Das kommt auf den Heilungsprozess an. Ich denke mal, so ungefähr acht Wochen."

„Acht Wochen?!", schreie ich entsetzt auf. Das heißt, ich *versuche* aufzuschreien. Aber irgendwie komme ich durcheinander. Ich sauge die Luft durch die Zähne, will reden und muss gleichzeitig schlucken. Der Speichel gerät in die Luftröhre. Sofort setzt ein Würgegefühl ein. Ich fahre hoch, will husten – muss husten – doch ich kriege keine Luft. Verdammt, ich kriege keine Luft! Hilfe! Ich schlage wild mit den Händen um mich, werfe den Oberkörper und meinen Kopf voller Panik hin und her – bis der Arzt mich packt und mit aller Gewalt zurück auf das Kissen drückt.

„Ganz ruhig", sagt er monoton, „ganz ruhig. Versuch durch die Nase zu atmen."

Der Schweiß steht auf meiner Stirn, doch langsam kriege ich mich wieder ein. Ich spüre mein Herz bis in den Hals hinauf schlagen, aber ich atme wieder normal, langsam durch die Nase ein und wieder aus.

Der Arzt lockert den Druck auf meine Schultern und sieht mich besorgt an.

„Du darfst dich nicht aufregen", höre ich ihn sagen, während ich das Drücken und Spannen in meinem Mund noch intensiver merke als vorher. Acht Wochen lang soll mich das begleiten? Vom Aufstehen am Morgen bis spätabends, wenn ich wieder ins Bett gehe? Acht

Wochen lang den Mund nicht richtig öffnen können? Acht Wochen einen Fremdkörper im Mund haben, einen Maulkorb tragen?

„Was kann er denn essen?“, fragt meine Ma den Arzt.

„Ihr Sohn kann wegen der Ruhigstellung des Kiefers nicht kauen. Deswegen kann er alle Speisen nur als Brei zu sich nehmen: Gemüse, Kartoffeln, immer mit viel Soße vermengt, aber nicht zu scharf gewürzt. Hinten rechts, über den beiden Brüchen, fehlen die Zähne. Dort kann er den Brei mithilfe eines Strohhalms einsaugen.“

Der Arzt wendet sich zu mir. „Aber immer schön langsam essen. Pass auf, dass du dich nicht verschluckst. Husten ist nicht möglich, das hast du ja eben selbst erlebt.“

Riesige Töpfe von Babybrei in den unmöglichsten Farben tauchen vor meinem geistigen Auge auf. Süß und klebrig. Ich sehe mich als kleinen Jungen, der von seiner Mutter ein Lätzchen um den Hals gehängt bekommt und dann Löffelchen für Löffelchen gefüttert wird. „Ein Häppchen für Papa, ein Häppchen für Mama …“

Mir wird schlecht. Kein Steak mehr? Keine knackigen Äpfel, keine Currywurst an meinem Lieblingsimbiss am Stadion, denke ich, während der Arzt und meine Ma weiter über Kochrezepte für weiche Nahrung reden.

„Alle zwei Wochen musst du zu einem Kieferorthopäden gehen, der die Klammer überprüft“, unterbricht der Arzt meine Gedanken. „Aber ich komme nachher auch noch einmal vorbei, um dir alles Weitere zu erklären.“

Er verabschiedet sich, doch an der Tür dreht er sich noch einmal um. „Ach ja: Heute behalten wir dich zur Kontrolle noch hier. Aber morgen kannst du dann nach Hause.“

6. Kapitel (Lukas)

Es klingelt. Ich falte die Zeitung wieder ordentlich zusammen und lege sie zurück auf den Schreibtisch meines Vaters, bevor ich die Treppe hinunterschlurfe, um die Tür zu öffnen. Mein Vater mag es nicht, wenn jemand vor ihm seine Zeitung liest. Nicht einmal den Sportteil, den er sowieso nur achtlos zur Seite legt. Ich finde das zwar ziemlich dämlich, aber er ist nun mal der Boss.

„Lukas von Lemmbergen?", fragt einer der beiden Typen, die vor der Tür stehen.

Ich sehe ihn fragend an. Er ist nur ein paar Jahre älter als ich, vielleicht Mitte zwanzig, genau wie der andere. Die beiden sehen sich von der Kleidung her ziemlich ähnlich: Jeans, Sweatshirt, Turnschuhe. Nicht gerade die neueste Mode, aber sehr sportlich. Was wollen die? Betteln? Werbung für eine Sekte machen oder so?

„Sind Sie Lukas von Lemmbergen, genannt Lolly?", wiederholt der Typ seine Frage.

„Ja", antworte ich zögernd. Verdammt, woher weiß der meinen Namen?

„Kriminalpolizei." Die beiden Typen zeigen ihre Ausweise. „Dürfen wir einen Augenblick hereinkommen?"

Scheiße, die Bullen! Für einen Moment denke ich daran, ihnen die Tür vor der Nase zuzuknallen und durch das Fenster abzuhauen. Aber das ist sinnlos. Allein schaffe ich das nie. Und irgendwann kriegen sie mich ja doch.

Also nicke ich, lasse die beiden in die Wohnung und gehe vor in mein Zimmer. Meine Beine sind weich wie Pudding und meine Blase scheint plötzlich zu kochen. Zumindest verspüre ich das dringende Bedürfnis zu pinkeln.

Der Bulle, der bisher als Einziger gesprochen hat, kommt sofort zur Sache. „Ihnen wird vorgeworfen, am vergangenen Samstag im Hamburger Hauptbahnhof einen dort wartenden Fan des FC zusammengeschlagen und beraubt zu haben. Wollen Sie sich dazu äußern?"

„Ich … ich weiß nicht."

Verdammt, was soll ich jetzt tun? Gestehen und auf eine milde Strafe hoffen? Oder alles abstreiten und abwarten, was die gegen mich in der Hand haben? Wahrscheinlich ist es am besten, erst einmal gar nichts zu sagen.

„Herr von Lemmbergen, haben Sie zu den Vorwürfen etwas zu sagen?", wiederholt der Bulle seine Frage.

Ich schüttle nur stumm den Kopf.

„Verarschen Sie mich doch nicht!", schreit er plötzlich. „Wir wissen sowieso, dass Sie es waren!"

Ob er die Wahrheit sagt? Wissen die wirklich etwas oder will er mich nur verunsichern?

„Herr von Lemmbergen", mischt sich der andere zum ersten Mal ein. Er spricht ruhig und sieht mich freundlich an. „Oder … darf ich Lukas sagen?"

Ich nicke.

„Okay, Lukas. Sieh mal, mein Kollege hat heute schlechte Laune. Er versteht solche Typen wie dich einfach nicht und hasst solche Einsätze. Mir geht es anders. Ich hab auch 'ne Menge Mist gebaut, als ich so alt war wie du. So lange ist das übrigens noch gar nicht her. Und ich kann dir aus Erfahrung sagen, dass es am besten ist, wenn du jetzt alles zugibst. Dann könnte ich dir helfen."

„Helfen?", lache ich auf. „*Sie* wollen mir helfen?"

„Ja, natürlich. Ich würde dem Staatsanwalt sagen, wie kooperativ du bei der Aufklärung des Falles gewesen bist."

„Sta… Sta… Staatsanwalt? Wieso denn Staatsanwalt?"

„Ja, Junge, was glaubst du denn?!", schreit der erste Kripobeamte mich unvermittelt wieder an. „Hier geht es doch nicht um Bonbons für zwei Euro, sondern um Raub! Körperverletzung in Tateinheit mit Diebstahl. Dafür kannst du ins Gefängnis wandern. Knast, verstehst du? Jugendknast!"

„Beruhige dich, Pit", sagt sein Kollege. „Der Junge sieht doch ganz clever aus. Ich bin sicher, dass er uns gleich alles sagen wird."

„Wozu die Mühe? Wir wissen doch sowieso schon alles!"

Die beiden reden über mich, als sei ich überhaupt nicht anwesend. Die wollen mich linken, hundertprozentig.

„Woher wissen Sie schon alles?", hake ich nach.

„Hör zu, Bürschchen, die Fragen stellen wir!", fährt der Bulle, den sein Kollege „Pit" genannt hat, mich an.

„Dann sag ich eben überhaupt nichts mehr." Ich verschränke die Arme und kneife die Lippen fest zu.

„Jetzt habe ich die Schnauze voll!", brüllt der Bulle. „Wir setzen das Verhör auf dem Revier fort. Und dort werden Sie reden, glauben Sie es mir."

Blitzschnell packt er meine Arme, dreht sie auf den Rücken und legt mir Handschellen an. „Lukas von Lemmbergen, ich nehme Sie vorläufig fest wegen des Verdachts, am vergangenen Samstag gegen acht Uhr morgens im Hamburger Hauptbahnhof einen Raub begangen zu haben", leiert er seinen Text herunter, erzählt noch irgendetwas von „rechtsanwaltlichem Beistand" oder so ähnlich und schiebt mich aus meinem Zimmer, gefolgt von seinem Kollegen.

Sie bringen mich aus dem Haus, schließen sorgfältig die Tür und führen mich quer über die Straße zu ihrem Wagen, wo ich mich auf den Rücksitz zwängen muss. Natürlich hängt die halbe Nachbarschaft an den Fenstern.

„Verdammt!“, fluche ich leise, während der Bullenwagen anfährt. Wenn ich bloß wüsste, wer mich verpfiffen hat. Bestimmt Andi, der Arsch. Der konnte mich noch nie leiden. Oder etwa René? Der ist seit vorgestern ziemlich wütend, weil ich bei der Schlacht mit den Kölnern doch nicht dabei war, sondern mit den anderen Fans im Sonderzug nach Hause gefahren bin.

Angefangen hat es schon auf der Zugfahrt. Da hat er mich über vier Stunden mit Schilderungen von Schlachten genervt und mir ständig Tipps gegeben, wie ich zuschlagen muss, damit der andere nicht wieder aufsteht. Vollkommen überflüssig, ich hatte doch erst wenige Stunden zuvor bewiesen, dass ich das kann!

Als wir angekommen waren, haben wir uns zum ersten Mal in die Wolle gekriegt, weil ich unbedingt zum Stadion weiterfahren wollte. Schließlich ist er zähneknirschend mitgekommen. Pünktlich zum ersten Tor sind wir da gewesen. Zum Glück! Der FC hat mit 4:1 gewonnen – und es war ein Superspiel. Ich bin gleich nach dem Abpfiff runter zum Zaun gelaufen, um die Spieler zu feiern. Als ich mich irgendwann wieder umdrehte, waren René und die anderen verschwunden. Blöde Situation.

Ich bin wie ein Wilder zum Bahnhof gerannt, aber da habe ich niemanden mehr entdeckt. Was sollte ich machen? Auf eigene Faust nach Köln fahren und den Schlachtplatz suchen? Das wäre aussichtslos gewesen. Die Orte, wo die Hauereien stattfinden, werden geheim gehalten. Nur Eingeweihte wissen Bescheid. Also bin ich mit dem Fanzug nach Hause gefahren. Ich hatte übelste Laune, zumal ich nicht wusste, wie ich das erklären sollte. Zugeben, dass ich den Abmarsch aus dem Stadion verschwitzt habe, und mich als Depp outen? Nie. Also habe ich geschwiegen. Es ist mir auch gar nichts anderes übrig geblieben. René war so sauer, dass er mich überhaupt nicht zu Wort kommen ließ. Ich kann ihn sogar ein bisschen verstehen, schließlich hat er die Fahrkarte bezahlt und fühlte sich von mir im Stich gelassen. Aber musste er wirklich so ein Theater machen? „Du bist gar kein richtiger Hool!", hat er mich angeschrien. „Du bist ein Feigling, eine Schande für uns alle!" Mann, hat der 'ne Show abgezogen! Am Ende hat er gesagt, dass ich erst dazugehöre, wenn ich eine Mutprobe bestanden habe. Dann ist er türenknallend abgehauen.

Ob das jetzt die Mutprobe ist? Hat René mich bei den Bullen verpfiffen und erwartet von mir, dass ich mein Maul halte? Dass ich ihn nicht mit reinreiße und die Sache allein ausbade? Ich würde es ihm glatt zutrauen. Na ja, das kann er haben. Kein Problem. Hauptsache, ich gehöre dann endlich richtig dazu und werde nicht wieder „geschont", wenn die sich zu einer Schlacht verabreden.

„Der Herr ist ja so still geworden", sagt der Bulle am Lenkrad und lacht. „Hast Schiss gekriegt, was?"

Ja, lach du nur, du kleiner Bulle. An mir werdet ihr euch die Zähne ausbeißen. Kein Wort werdet ihr erfahren. Das Ding ziehe ich durch. René und die anderen werden staunen. Ich zeige dem Deppen meinen Mittelfinger. Allerdings hinter dem Sitz, damit nicht auch noch eine Anzeige wegen Beamtenbeleidigung hinzukommt.

7. Kapitel (André)

DERBY BRUTAL: DREI PLATZVERWEISE! Schon zum dritten Mal lese ich jetzt diese Überschrift aus der *Abendpost*. Dabei kenne ich den Artikel fast auswendig: Seiler, Hannemann und Briskovich sind vom Platz geflogen. Mit nur noch acht Spielern hatten die Karlsruher natürlich keine Chance mehr und verloren das Badener Derby klar mit 1:5.

Ich falte die Zeitung zusammen und lasse sie zu den anderen auf den Boden fallen.

Auf der Suche nach Ablenkung wandert mein Blick über das Chaos in meinem Zimmer. Neben den Zeitungen liegen überall auf dem Boden verstreut Comics, meine Bildbände über die Weltmeisterschaften und die *kicker*-Bundesliga-Sonderhefte. Meine Klamotten sind von der Stuhllehne gerutscht.

Auf dem Regal gegenüber meinem Bett steht der Fernseher. Fast automatisch greife ich nach der Fernbedienung. Doch mitten in der Bewegung halte ich inne: Mittags um halb eins – da laufen doch sowieso nur dämliche Talkshows. Und auf dem Sportkanal zeigen sie um diese Uhrzeit bestimmt wieder so einen Blödsinn wie Unterwasserhalma oder Extrem-Schach.

Also nehme ich doch noch mal die *Abendpost* in die Hand und blättere im Sportteil. *SUPER FC: WIEDER GEWONNEN!*

3:0 – und ich bin nicht dabei gewesen. Das erste Heimspiel seit drei Jahren, das ich verpasst habe! Dabei habe ich wie ein Kleinkind darum gebettelt, zu dem Spiel gehen zu dürfen. Doch der Arzt hat kein Erbarmen gezeigt. Das Herumgeschubse in der Menschenmenge sei zu gefährlich, meinte er und untersagte den Stadionbesuch strengstens. Also lag ich am Samstagnachmittag auf meinem Bett und musste mir die Übertragung im Radio anhören.

Na gut, immerhin bin ich diesmal wenigstens einigermaßen live dabei gewesen. Letzte Woche war es viel schlimmer. Während ich zugedröhnt von den Schmerzmitteln im Krankenhaus lag und eine Untersuchung nach der anderen über mich ergehen lassen musste, hat der FC mit 4:1 gewonnen! Auswärts! Mit 4:1! Und ich habe das nicht miterlebt, nur weil dieser … dieser … hirnrissige Vollidiot …!

Mann, war ich stinkig, als Sanne mir am Montagnachmittag im Krankenhaus die Spielberichte vorlas. Natürlich hatte sie am Samstagabend noch die Sportschau gesehen und konnte deshalb ganz genau beschreiben, wie die Tore gefallen waren. Trotzdem konnte ich mich nicht richtig über den Sieg freuen. Ständig sah ich die Fratze von diesem dämlichen Hooligan vor mir. Wie er triumphierend die Arme in die Luft streckt und höhnisch lacht.

Später sind dann auch noch zwei Polizisten im Krankenhaus aufgetaucht und haben ein Protokoll aufgenommen. Sie fragten, woran ich mich noch erinnern könne, und forderten mich auf, den Überfall genau zu schildern. Das war das Startsignal für den Film, der schon zum wiederholten Male in mir ablief. Wie auf einer Großbildleinwand im Kino sah ich deutlich vor mir, wie ich zu diesem glatzköpfigen Arsch gehe und ihm die Dose an die Brust drücke. Um mich herum wird gedrängelt und geschubst. Und dann der Moment, als er mich an der Schulter packt. Ich werde herumgerissen und sehe für einen kurzen Augenblick in dieses fiese, grinsende Gesicht. Es können nur Bruchteile von Sekunden gewesen sein und trotzdem habe ich es in meinem Kopf abgespeichert, wie auf einer Festplatte. Jederzeit abrufbar, als ob in diesem Moment die Zeit stehen geblieben ist.

Ein Schauer fährt mir über den Rücken, wenn ich an den hassverzerrten Gesichtsausdruck denke. Die Augen zu Schlitzen verengt, die Zähne aufeinandergepresst. Ich rieche seinen Atem, der nach Bier stinkt. Plötzlich ein Schlag, der mir fast den Kopf abreißt, der Schmerz, die Sterne vor den Augen und schließlich der kalte Bahnsteig, auf dem ich mich wiederfinde – das alles werde ich bestimmt nicht so schnell vergessen.

Als ich zu Ende berichtet hatte, zeigten mir die Polizisten eine Menge Fotos von Typen, die fast alle kahl geschoren waren. Die meisten trugen auch noch Jacken oder Kapuzenshirts mit eindeutigen Sprüchen. Es waren mindestens hundert, aber den Typ, der mir den Kiefer gebrochen und die Fahrkarten geklaut hat, habe ich trotzdem sofort erkannt. Ich habe ihn angezeigt, wegen Körperverletzung. Erst wollte ich nicht, aber die Polizisten meinten, das wäre besser, um Schadensersatz geltend machen zu können.

Durch das Fenster höre ich ein Moped heranknattern. Das kann nur Sven sein, mein Kollege. Der hat sich total aufgeregt, als er mich vergangene Woche anrief und ich ihm erzählte, was passiert war. „Das kriegt der wieder!“, hat er immer wieder gedroht und wollte sich gar nicht mehr einkriegen.

Als ich ihm allerdings die Hooligans beschrieb, zu denen der Typ offensichtlich gehört, ist er gleich etwas kleinlauter geworden. Und wirklich gemacht hat er bisher natürlich auch nichts.

Na ja, ist wohl auch besser so. Ehrlich gesagt fühle ich mich mit der Anzeige nicht besonders wohl. Obwohl der Typ das weiß Gott verdient hat. Aber nachher findet der meine Adresse heraus und lauert mir auf. Wenn es an der Tür klingelt, frage ich in letzter Zeit immer erst mal durch die Gegensprechanlage, wer da ist. Das habe ich früher nicht gemacht.

Durch das offene Fenster sehe ich, wie Sven das Moped vor meiner Haustür parkt. Wenig später steht er bei mir im Zimmer. Er ist groß und kräftig, Marke Surfertyp. Alle Augenblicke hat er eine andere Freundin. „Lebenserfahrung sammeln" nennt er das. Manchmal glaube ich, dass er mich nicht besonders ernst nimmt, weil ich schon so lange mit Sanne zusammen bin und andere Mädchen mich einfach nicht interessieren. Trotzdem mag ich ihn. Wir haben schon tolle Ausflüge mit unseren Maschinen gemacht.

„He, mein Moped fährt wieder", begrüßt er mich.

„Hab schon gesehen. Und frisiert hast du es auch, oder?", frage ich.

Sven grinst. „Hört man das etwa?", tut er überrascht und zieht die Augenbrauen hoch.

Er erzählt, dass er bei der Motorradselbsthilfe gewesen ist, wo ihm zwei Rockertypen mit langen Bärten geholfen haben, sein Moped wieder auf Vordermann zu bringen. „Es war noch nicht einmal teuer", schwärmt er begeistert.

Neidisch höre ich ihm zu. Eigentlich wollten wir da zusammen hingehen. Dann wäre meine Kiste jetzt auch fit für den Sommer. Aber mit meinem Maulkorb ... Lieber nicht drüber nachdenken.

Wir reden noch ein bisschen über unsere Mopeds, und Sven erzählt von seiner neuesten Flamme, die er in einer Disco aufgetan hat, bis er schließlich die Schulbücher von der Berufsschule herausholt und mit mir die Aufgaben der letzten Woche durchgeht.

„Na, alles kapiert?", fragt er zwischendurch.

Ich schaue ihn mit leidender Miene an. Seine schnelle, hektische Art bereitet mir Probleme. Während ich noch versuche, die Sachen, die er gerade erklärt hat, in Gedanken nachzuvollziehen, ist er schon längst bei einem ganz anderen Thema. Ich verstehe so gut wie nichts, doch es bringt nichts, nachzufragen. Sven hat noch eine Verabredung und schaut ständig auf die Uhr. Seine Ausführungen werden immer knapper und unverständlicher für meine Gehirnwindungen. Aber ich nicke, wenn er mich anschaut, und lasse seinen Redeschwall einfach über mich ergehen.

Nachdem Sven gegangen ist, lege ich mich wieder ins Bett. In meinem Kopf tanzen Zahlenreihen, chemische Formeln und englische Wörter. Und das war erst der Stoff von einer Woche. Sieben liegen noch vor mir. Das bedeutet büffeln, büffeln, büffeln ...

Mein Vater kommt von der Arbeit nach Hause. Er steckt kurz den Kopf herein, um mich zu begrüßen, und verschwindet dann sofort im Wohnzimmer. Ich versuche zu schlafen. Mein Kopf fühlt sich an wie eine matschige Birne.

„André, schnell, das Spiel fängt gleich an!", weckt mich die Stimme meines Vaters irgendwann später.

„Ja, gleich!", rufe ich zurück. Das Spitzenspiel der 2. Bundesliga, das im Fernsehen live übertragen wird, interessiert mich nicht so rasend, aber es ist besser als ein Abend ohne Fußball.

Ich mache einen Umweg über die Küche, stelle die Schüssel mit dem Gemüsebrei, den Ma bereits heute Morgen zubereitet hat, in die Mikrowelle und gehe zwei Minuten später mit dem Essen und einem Strohhalm bewaffnet ins Wohnzimmer.

Mein Vater hat es sich bereits bequem gemacht. Wie immer lümmelt er mit ausgestreckten Beinen auf seinem Stammplatz in der Ecke des braunen Ledersofas. Seine Hausschuhe sind längst unter dem Tisch gelandet, die Trainingsjacke liegt auf dem Boden. Über dem Bauchansatz spannt das weiße Unterhemd. Vor ihm auf dem Tisch stehen die unvermeidliche Flasche Bier und eine große Schale mit Chips, aus der er sich im Zehn-Sekunden-Takt eine Handvoll in den Mund stopft. Krachend zerkleinert er sie zwischen den Zähnen, während ich finster auf die Schüssel mit dem Brei in meinen Händen starre.

„Na dann: Guten Appetit", seufze ich und versuche mich auf das Spiel zu konzentrieren, das gerade angepfiffen wird.

8. Kapitel (Lukas)

Es klopft. Meine Mutter öffnet die Zimmertür ein paar Zentimeter und steckt ihren Kopf vorsichtig durch den Spalt.

„Darf ich stören?“, fragt sie leise.

„Nein“, knurre ich unwirsch. Ich kann es nicht leiden, wenn sie ständig in mein Zimmer kommt, während ich gerade Hausaufgaben mache.

„Aber du hast Besuch“, fügt sie hinzu.

„Warum hast du das nicht gleich gesagt?“ Ich klappe das Buch und mein Arbeitsheft zu. „Wer ist es denn?“

„Wir sind's!“, sagt jemand und stößt die Tür auf.

„René!“, rufe ich überrascht aus.

„He, hast du mich übersehen, oder werde ich nicht begrüßt?“ Andi drängelt sich zwischen René und meine Mutter.

„Ich habe euch doch gesagt, dass ihr unten warten sollt!“, empört sie sich, sieht mich entschuldigend an und hebt hilflos die Schultern.

„Schon gut, Mama.“ Ich gebe ihr ein Zeichen, dass sie die Tür von draußen zumachen soll, und dirigiere die beiden auf mein Sofa.

„Gut erzogen, deine Alte“, grinst Andi, während er durch mein Zimmer schleicht und alles inspiziert. „Ich hab's gern, wenn sie kuschen. Kann sie auch was zu trinken bringen?“

Was bildet der sich ein?! Mit einem einzigen dummen Spruch schafft er es, mich auf hundertachtzig zu bringen. Am liebsten würde ich mich auf ihn stürzen und ihm eine reinhauen für seine Unverschämtheit. Aber dann lasse ich es doch lieber bleiben. Es kommt selten vor, dass mich jemand aus der Truppe besucht. Eigentlich nie. Von René habe ich seit über einer Woche nichts gehört oder gesehen. Er hat sich nicht gemeldet, nachdem ich vorläufig festgenommen worden war. Und auch vorgestern, bei dem tollen 3:0-Heimsieg, habe ich vergeblich im Stadion nach ihm Ausschau gehalten. Die beiden haben bestimmt einen besonderen Grund, warum sie bei mir auftauchen, und den will ich wissen.

„Bier?“, frage ich deshalb nur.

Die beiden nicken. Ich öffne die Tür, um hinunter in die Küche zu gehen. Doch im letzten Moment besinne ich mich.

„Mama“, rufe ich. „Bring mal drei Bier!“

Es dauert nur wenige Augenblicke, bis sie unten an der Treppe auftaucht.

„Bitte, Mama!“

Sie zeigt mir einen Vogel und verschwindet aus meinem Blickfeld.

„So kann man sich täuschen“, höhnt Andi. „Hätte mich auch gewundert, wenn du deine Alte im Griff hättest.“

„Tja, Lolly, dann musst du wohl selbst laufen“, sagt René und grinst blöd. „Oder willst du uns etwa verdursten lassen?“

„Nein, natürlich nicht“, murmle ich und stapfe die Treppe hinunter.

Zum Glück hält meine Mutter sich nicht in der Küche auf, sonst hätte ich womöglich noch stundenlang mit ihr diskutieren müssen. Ich nehme drei Flaschen Bier aus dem Kühlschrank und fülle ihn sofort wieder aus dem Kasten auf, damit mein Vater nichts merkt. Über den

Kasten hat er keinen Überblick, dafür ist meine Mutter zuständig. Aber wenn er von der Arbeit kommt und es stehen keine fünf gekühlten Biere bereit, das merkt er.

Mit den drei Flaschen in der Hand kehre ich in mein Zimmer zurück. René liegt auf meinem Bett, während Andi in meinen Sachen auf dem Schreibtisch wühlt.

„Was ist denn das für ein Mist?", fragt Andi und leert sein Bier in einem Zug zur Hälfte.

„Mein Schulheft", sage ich nichtsahnend. „Wieso?"

„Hast du das etwa geschrieben?" Er starrt mich an wie einen Außerirdischen. „He, René, hör dir das mal an: ‚Die Wehrmacht – Täter oder Mitläufer?'"

Bevor Andi dazu kommt, weiter meine Hausaufgaben vorzulesen, reiße ich ihm das Heft aus der Hand, rolle es zusammen und stecke es in meine Hose.

„Warum muss eigentlich immer alles, was unsere Väter und Großväter im Dritten Reich geleistet haben, in den Dreck gezogen werden?", regt Andi sich auf.

René macht eine wegwerfende Handbewegung. „Politik interessiert mich nicht", sagt er gelangweilt.

„Sollte es aber", pöbelt Andi ihn an. „Dieses kleine Arschloch da", er deutet auf mich, „ist eine linke Zecke! Ein Bastard, ein Verräter!"

„Mann, das ist doch nur die Überschrift", verteidige ich mich. „Die hat der Lehrer vorgegeben."

„Und? Wie ist deine Meinung dazu?", fragt Andi.

Ich starre ihn an und sage nichts. Ehrlich gesagt – ich weiß keine Antwort. Was Hitler gemacht hat, finde ich nicht in Ordnung. Ich glaube, es stimmt, was in den Geschichtsbüchern steht. Dass damals Menschen umgebracht wurden, nur weil sie anders waren. Aber ich glaube nicht, dass alle Deutschen dabei mitgemacht haben. Meine Großeltern sagen auch immer, dass die meisten damals nichts von dem gewusst haben, was alles passiert ist. Das mit den Juden und so, das haben sie erst hinterher erfahren, nach dem Krieg.

Mir ist es egal. Nein, nicht egal, ich finde es schlimm. Aber ich kann es doch nicht ändern. Und bei der heutigen Politik, da steige ich überhaupt nicht mehr durch. Überallhin werden Bomben geliefert. An manche Länder werden sie verkauft, auf andere werden sie gleich vom Flugzeug aus abgeworfen. Ich weiß nicht, wer von den Ausländern zu den Guten gehört und wer zu den Schlechten. Ich finde, dass viel zu viele von denen in Deutschland wohnen, und es nervt mich, dass man an jeder Straßenecke alle möglichen Sprachen hört, aber kaum noch Deutsch.

Allerdings – wenn ich zufällig mal Ausländer kennenlerne, sind die eigentlich meistens ganz nett. Beim Fußball, im Stadion, da sind eine ganze Menge von denen, sogar in unserer Kurve. Die schreien für den FC, genau wie ich. Gegen die habe ich nichts. Absolut nicht.

Fußball ist sowieso das Einzige, was mich wirklich interessiert. Auch an der deutschen Geschichte. Die Aufstellung der Weltmeisterelf von 1954 kenne ich auswendig und alle Deutschen Meister und Pokalsieger. Auch die der ehemaligen DDR. Fußball ist wichtig. Wenn es kein Fußball gäbe, könnte man mich gleich begraben.

„Na komm, sag schon", holt Andi mich aus meinen Gedanken. „Wie ist deine Meinung zu dem Thema?"

„Ich weiß nicht", weiche ich aus. „Die Wehrmacht ist mir egal."

„Völlig richtig", werde ich von René unterstützt, allerdings wohl eher, weil er keinen Bock auf Politik hat.

„Wieso verteidigst du das Weichei?", fährt Andi ihn an.

„Ich verteidige ihn doch gar nicht", sagt René.

„Ich bin kein Weichei", setze ich mich gleichzeitig zur Wehr.

„Ach nein?" Andi lächelt kalt. „Und warum hast du dann vor der Schlacht mit den Kölnern gekniffen? Du hast uns im Stich gelassen, du Feigling!"

„Ich habe nicht vor der Schlacht gekniffen! Ich bin kein Weichei und kein Feigling. Merk dir das endlich!"

„Und warum bist du heimlich abgehauen?" Andi starrt mich mit kalten Augen an.

Dreck! Was für eine ätzende Zwickmühle! Wenn ich wie bisher meinen Mund halte, gelte ich als Feigling, und wenn ich erzähle, dass ich vor lauter Begeisterung über den Sieg den Abmarsch aus dem Stadion verpasst habe, halten sie mich für den letzten Dorftrottel. Der Loser bin ich in jedem Fall!

„Mann, jetzt lass ihn endlich in Ruhe", mischt René sich wieder ein. „Ich habe gesagt, dass er eine Mutprobe bestehen muss, bevor er richtig zu uns gehört, und dabei bleibt es."

Die Mutprobe! Darum geht es also. Letzte Woche auf dem Polizeirevier habe ich schnell spitzgekriegt, dass meine Verhaftung nichts mit René zu tun hatte. Das Arschloch, das ich am Hauptbahnhof zu Boden geschickt habe, war wohl doch nicht so ganz fertig gewesen. Zumindest muss er mich eindeutig identifiziert haben. Ich war überrascht, weil ich nicht einmal wusste, dass die Bullen ein Foto von mir besitzen. Es ist vor fast einem

Jahr gemacht worden, bei der ersten Schlacht mit den Kölnern.

Danach ist alles ganz schnell gegangen. Ich habe die Tat gestanden, musste ein Protokoll unterschreiben und durfte wieder nach Hause gehen. Seitdem denke ich nicht mehr über den Vorfall nach. Vielleicht habe ich ja Glück und die Sache wird fallen gelassen. Bevor ich ging, habe ich noch gefragt, ob ich einen Abzug von dem Foto haben könnte. Das hätte ich vergrößern lassen und über meinem Schreibtisch an die Wand gehängt. Aber die Bullen waren stur und haben mich einfach rausgeschmissen.

„Hast du noch ein Bier?“, fragt Andi kurz angebunden.

Ich sehe auf die Uhr. In knapp einer halben Stunde kommt mein Vater.

„Nur noch aus dem Kasten“, sage ich.

Andi zuckt gleichgültig mit den Schultern. Also laufe ich mit den drei leeren Flaschen nach unten in die Küche. Ich bin gespannt, was für eine Mutprobe sie sich für mich ausgedacht haben. Mit drei vollen Flaschen gehe ich die Treppe wieder hoch.

„Ich weiß echt nicht, warum du diese Pfeife ständig in Schutz nimmst“, höre ich Andi durch die angelehnte Tür leise sagen. „Der wird nie einer von uns. Der weiß doch noch nicht einmal, was einen richtigen Hooligan ausmacht!“

„Ach, Andi“, entgegnet René, „weißt du das denn? Wenn ihr mit euren Sprüchen loslegt, du und Atze und die anderen, gegen die Ausländer und über Politik und so, dann stelle ich meine Ohren auf Durchzug. Echt, das alles interessiert mich überhaupt nicht.“

„Und warum machst du bei uns mit?“

„Weil's geil ist! Ich bin wegen der Schlachten dabei, die machen Spaß. Ich prügle mich einfach gern. Hast du was dagegen einzuwenden?"

„Nein, natürlich nicht", höre ich wieder Andi. „Du bist einer unserer besten Männer. Wo du hinschlägst, wächst kein Gras mehr. Aber Lolly kann sich ja nicht mal richtig prügeln!"

„Entspann dich, Andi", sagt René lässig. „Gut, in Köln hat er Mist gebaut, da war ich auch sauer auf ihn. Aber wart's nur ab, Lolly macht sich noch. Das Ding neulich am Hauptbahnhof war bestimmt erst der Anfang. Außerdem – so übel ist er gar nicht. Lass ihn einfach in Ruhe und gib ihm Zeit. Du wirst sehen, bei der Mutprobe wird er nicht kneifen."

Ich habe genug gehört. Auf René ist Verlass, denke ich zufrieden, während ich leise ein paar Schritte zurückgehe und extra laut die Flaschen gegeneinanderklirren lasse, damit die beiden wissen, dass ich komme.

Andi nimmt mir das Bier aus der Hand, öffnet die Flaschen mit seinen Zähnen und lässt mich nicht mehr lange zappeln.

„Heute Abend findet deine Mutprobe statt", verkündet er.

„Was soll ich machen?", frage ich und weiß schon jetzt, dass ich die Aufgabe auf alle Fälle erfüllen werde. Egal, was die beiden von mir verlangen.

Schade finde ich nur, dass ich dadurch das Spitzenspiel der 2. Bundesliga verpasse, das heute Abend im Fernsehen gezeigt wird. Ich darf nicht vergessen, den DVD-Rekorder zu programmieren, denke ich, bevor ich Andi zuhöre, der mir den Plan genau erklärt.

9. Kapitel (André)

„He, André! Bist du auch schon so aufgeregt wie ich?!" Noch bevor Sanne zu sehen ist, brüllt sie mir die überflüssige Frage entgegen.

Aufgeregt? Natürlich bin ich aufgeregt. Heute steigt das Pokalhalbfinale. Ein Sieg noch und der FC Hamburg fährt im Mai zum Endspiel nach Berlin. Wahnsinn!

Sannes eilige Schritte hallen durch das Treppenhaus. Sekunden später fliegt sie in meine Arme und drückt sich fest an mich. Ihr Körper ist heiß und ihre Wangen fühlen sich an wie glühende Kohlen. Der Schweiß steht auf ihrer Stirn. Kein Wunder: Trotz hochsommerlicher Temperaturen baumelt ein Fanschal um ihren Hals, und auf dem Kopf trägt sie eine Baseballcap, natürlich mit dem Emblem des FC.

Drei Tage habe ich sie nicht gesehen. Zur Begrüßung will ich ihr einen dicken Kuss geben. Doch im selben Moment taucht Mirko auf.

„2:1!", sage ich sofort.

„Glaub ich nicht", stöhnt er und schleppt schnaufend seinen schweren Körper die letzten Stufen herauf.

Ehrlich, ich kenne niemanden, der so viel Ahnung von Fußball hat wie Mirko.

„Statistisch gesehen müssten wir 0:1 verlieren", erklärt er, nachdem er einigermaßen zu Luft gekommen ist. „Das war bisher immer so, wenn der FC im Halbfinale stand."

„So ein Blödsinn, entscheidend ist doch nur, wie unsere Jungs heute drauf sind", entgegnet Sanne. „Die Chance werden sie sich bestimmt nicht entgehen lassen."

Ich winke die beiden in die Wohnung.

„Lass mal, André", wehrt Mirko ab. „Wir wollten nur kurz bei dir vorbeischauen, bevor wir die anderen abholen und dann zum Stadion gehen."

„Wir kommen nach dem Spiel vorbei und stoßen auf den Sieg an!", verkündet Sanne.

„Versprochen?", frage ich.

„Versprochen", sagt Mirko. Er sieht mich fragend an. „Sag mal, Alter, kannst du echt nicht mitkommen?"

„Keine Chance", sage ich traurig. „Die Sache ist erst viereinhalb Wochen her. Acht Wochen dauert es, hat der Arzt gesagt. Der Kiefer heilt zwar gut, aber ..."

„Versteh schon", unterbricht Mirko. Er klopft mir auf die Schulter. „Sieh zu, dass du bald fit wirst, damit wir wenigstens das Endspiel zusammen sehen können. Falls es der FC schafft."

„2:1", wiederhole ich meinen Tipp. „Wollen wir wetten?"

„Nee, lieber nicht." Mirko lacht und sieht Sanne an. „Ich geh schon mal vor. Verabschiede dich nicht so lange von deinem Prinzen – wir müssen los."

Er zwinkert mir zu und stapft geräuschvoll die Treppe wieder hinunter.

Sanne sieht mich fragend an. „Du verstehst doch, dass ich mit den anderen ins Stadion gehe, oder?"

„Klar", antworte ich. Was soll ich auch sonst sagen?!

Sanne strahlt. Sie gibt mir einen schnellen Kuss auf die Wange, löst sich aus meiner Umarmung und folgt Mirko die Stufen hinunter.

„Viel Spaß!", rufe ich hinterher.

„Danke, dir auch!", hallt ihre Stimme durch das Treppenhaus. „Bis nachher!"

Ich lausche ihren eiligen Schritten und der klappenden Haustür. Dann ist es still. Traurig drehe ich mich um. Mit einem Mal ist die ganze prickelnde Nervosität verschwunden. Wie ein Gefangener komme ich mir vor, als ich zurück in die öde, leere Wohnung gehe. Natürlich verstehe ich Sanne. Ich wäre auch lieber im Stadion live dabei, zusammen mit ihr und all den anderen. Stattdessen werde ich mir das Spiel allein mit meinem Vater im Fernsehen anschauen.

Ich schleppe mich in mein Zimmer und versuche die Zeit bis zum Anpfiff totzuschlagen. Vor lauter Langeweile fange ich schon wieder an, mein Zimmer aufzuräumen. Obwohl das überflüssig ist – so sauber wie in den vergangenen Wochen war es bei mir noch nie! Aber was sollte ich auch sonst tagsüber machen? Ich habe alle Bücher gelesen, jede CD bis zum Erbrechen gehört und das Fernsehprogramm kenne ich in- und auswendig. Rausgehen soll ich auch nicht so viel, sagt der Arzt – also räume ich eben auf und hänge dabei meinen Gedanken nach.

Am liebsten würde ich wieder zur Arbeit gehen, doch ich bin immer noch krankgeschrieben. Ich kriege langsam Panik, wenn ich an die Ausbildung denke. Sven kommt zwar jede Woche, um mit mir zu büffeln, aber ich habe trotzdem Angst, dass ich den Anschluss verpasse.

Endlich ist es Abend und das Spiel beginnt, doch während der ersten Halbzeit schweifen meine Gedanken immer wieder ab. Wenn ich erst einmal anfange zu grübeln, komme ich da nicht so schnell wieder raus.

„Elfmeter!“, stöhnt Papa plötzlich. „Das gibt es doch nicht!“

„Was?“

„Elfmeter! Sieh doch hin!"

Starr vor Schreck sehe ich mir die Wiederholung in Zeitlupe an. Tatsächlich, Papa hat recht! Strafstoß für den Sportclub. Wegen eines harmlosen Fouls. Auf dem Platz bestürmen die Spieler den Schiedsrichter und reden auf ihn ein. Moser fängt sich dafür noch eine Gelbe Karte ein. Aber es hilft alles nichts. Der gegnerische Mittelstürmer legt sich den Ball zurecht.

Ich wage nicht zu atmen. „Bitte verschieß, bitte verschieß …", schicke ich ein Stoßgebet nach dem anderen gen Fußballhimmel.

Der Pfiff ertönt. Der Mittelstürmer nimmt nur einen kurzen Anlauf. Unser Torwart trippelt auf der Linie, springt ab und fliegt ins linke Eck. Der Ball auch. Mit der Hand kommt Wehlage an die Kugel. Doch das Leder ist zu platziert geschossen. Von seiner Hand prallt der Ball an den Innenpfosten und von da ins Netz. Jubelnd dreht der Schütze ab. Seine Mitspieler fallen über ihn her, während Wehlage den Ball aus den Maschen holt. 0:1!

Ich möchte laut aufschreien, aufspringen und irgendetwas kaputt treten. Aber mittlerweile habe ich gelernt, dass das mit meinem Kiefer nicht geht. Ich muss mich zwingen, einen kühlen Kopf zu bewahren. Den Frust einfach runterschlucken. Alles Schnelle und Laute ist verboten, solange ich meinen Maulkorb trage.

„Los, Jungs, ihr habt noch Zeit! Das schafft ihr noch!", ruft mein Vater in Richtung Bildschirm, als ob er der Trainer wäre und so unser Team nach vorne peitschen könnte.

Doch statt richtig Dampf zu machen, wirkt der FC verunsichert. Im Mittelfeld kommen die einfachsten Pässe nicht an. Die Stürmer hängen in der Luft. Dafür muss die Abwehr ganze Arbeit leisten, einen Ball nach dem anderen wegschlagen. Zum Glück kommt es zu keiner wirklich brenzligen Situationen vor dem Kasten, doch die Zeit verrinnt. Schon ist die 75. Spielminute angebrochen. Verzweifelt versuchen die Verteidiger immer wieder, lange Bälle nach vorne zu schlagen, in der Hoffnung, es könnten sich Zufallschancen ergeben.

Endlich kann sich Hartmann, der linke Verteidiger, einmal von seinem Gegenspieler lösen. Er bekommt den Ball genau in den Lauf gespielt. Ruhig schaut er, wer sich im Strafraum freigelaufen hat. Jetzt eine präzise Flanke – das wär's! Der Ball segelt in einem hohen Bogen vor das Tor. Biller steigt hoch, aber ein Abwehrspieler hat aufgepasst und köpft die Kugel wuchtig aus der Gefahrenzone, allerdings genau vor die Füße von Salek. Der zögert nicht lange, sondern drischt den Ball volley in Richtung Tor. Die Lederkugel schlägt links oben im Winkel ein. Ein Wahnsinnstor!

Wie bei einer Explosion will sich meine innere Anspannung entladen. Der Torschrei liegt mir schon auf den Lippen. Cool bleiben, ermahne ich mich selbst und schlucke ihn hinunter. Stattdessen balle ich die Fäuste und wuchte sie in den Sessel. Am liebsten würde ich aufspringen und den Fernseher umarmen, doch ich reiße mich zusammen und starre nur begeistert auf das Spielfeld, wo Salek an der Eckfahne Samba tanzt. 1:1 – jetzt ist wieder alles drin.

Der vor Begeisterung jubelnde Fanblock wird eingeblendet. Ich erkenne die braun-rot karierte Fahne mit dem Stoffaffen auf der Spitze der Stange. Der Typ, dem diese Fahne gehört, steht im Stadion immer ein kleines Stück rechts vor mir. Ich versuche in dem Gewühl auf den Stehplätzen Gesichter auszumachen. War das da eben nicht Sanne?

Unser Trainer wechselt aus. Für den völlig erschöpften Hansen bringt er noch eine dritte offensive Kraft: Strammer. Eine richtige Entscheidung, schließlich sind nur noch zehn Minuten zu spielen!

Doch der SC ist keinesfalls geschockt von dem Ausgleich. Der Wiederanstoß leitet auch gleich die erste Chance für das gegnerische Team ein. Heinze dribbelt geschickt zwei unserer Mittelfeldspieler aus. Nach einem Doppelpass steht er auf einmal frei und ist bereits in guter Schussposition direkt an der Strafraumlinie. Moser rauscht heran und grätscht mit ausgestreckten Beinen voll in den Spieler hinein. Der stürzt mit schmerzverzerrtem Gesicht zu Boden. Sofort stürmen zwei SC-Spieler auf Moser zu und schubsen ihn zur Seite. Wehlage kommt aus seinem Tor, um Moser zu helfen. Ein wildes Durcheinander entsteht um den sich auf dem Boden wälzenden Spieler. Der Schiedsrichter geht dazwischen und versucht vergeblich die Streithähne zu trennen. Pfiffe und Buhrufe aus dem Publikum begleiten das Geschehen auf dem Spielfeld. Inzwischen liegt auch ein FC-Spieler auf dem Boden und hält sich den Kopf. Die Situation droht zu eskalieren. Aus dem Fanblock der gegnerischen Mannschaft fliegen Feuerwerkskörper auf den Platz, die mit wütenden Pfiffen aus unserem Block beantwortet werden.

Endlich wird der verletzte Spieler vom Platz getragen. Der Schiedsrichter hat sich inzwischen mit seinem Assistenten an der Außenlinie beraten. Er ruft Moser zu sich und zieht die Rote Karte.

Die Zeitlupe im Fernsehen zeigt, wie Moser den Ball verpasst und mit voller Wucht das Bein des Gegenspielers trifft. In dem verlangsamten Tempo sieht man genau, wie das Bein umknickt und der Spieler zusammensackt.

„Aber er wollte wirklich nur den Ball spielen“, erkläre ich meinem Vater verzweifelt, als ob er der Schiedsrichter wäre.

Mein Vater geht nicht darauf ein. „Ich glaub, das war's. Zu zehnt stehen sie die Verlängerung nicht durch“, sagt er resigniert.

Das Stadion ist ein Hexenkessel. Im Fernsehen ist zu sehen, wie einige Fans an dem Zaun hochgeklettert sind, der um das Spielfeld gezogen ist, und heftig daran rütteln. Ein anderer hat in unserem Fanblock eine Rauchbombe gezündet. In dicken Schwaden zieht der Qualm über den Platz. Das gegnerische Tor ist schon nicht mehr zu erkennen.

Das Spiel wird unterbrochen. Polizisten marschieren in den Block und holen die Leute vom Zaun herunter. Überall auf den Zuschauerrängen wird geschrien, gepfiffen und gejohlt.

Verdammt, warum zeigt die Kamera nicht noch mal unseren Fanblock?! Ich will wissen, was da los ist. Doch der Reporter faselt nur irgendetwas von „unschönen Bildern“ – und dann läuft das Spiel plötzlich weiter.

Noch fünf Minuten. Mein Herz pocht so laut vor Aufregung, dass ich Angst habe, es könnte zerspringen.

Noch drei Minuten. Längst bin ich aufgestanden und starre gebannt auf den Bildschirm.

Noch eine Minute. Der Schiedsrichter sieht schon auf die Uhr. Der SC versucht einen schnellen Angriff. Im Mittelfeld ist die zahlenmäßige Überlegenheit des Gegners deutlich zu spüren. Immer finden die Spieler einen freien Mann. Schon sind sie tief in unsere Hälfte eingedrungen. Doch Strammer, der sich nach der Roten Karte für Moser in die Mitte orientiert hat, gewinnt den Zweikampf und erobert den Ball zurück. Ohne lange zu warten, schlägt er den Ball wieder nach vorne, direkt zu Peppig, der als Einziger noch am gegnerischen Strafraum steht. Mit dem Rücken zum Tor nimmt er den Ball an und schirmt ihn vor seinem Gegenspieler ab. Eine Körpertäuschung nach links, eine Drehung nach rechts, schon ist er vorbei. Vor ihm ist nur noch der Torwart, der aus seinem Kasten stürmt.

„Hau ihn rein!", schreit mein Vater.

Doch Peppig denkt gar nicht daran. Er zögert, bis der Keeper fast vor seinen Füßen liegt, und hebt die Kugel im letzten Moment über ihn hinweg.

„Tooooooor!"

Ich sinke langsam auf die Knie, schließe die Augen, lausche dem Jubel im Stadion, der über den Fernseher in unser Wohnzimmer dringt, und recke die Arme in die Höhe, als ob ich höchstpersönlich das Tor geschossen hätte.

„Was ist denn hier los?" Meine Ma ist unbemerkt nach Hause gekommen und steht kopfschüttelnd in der Tür.

Das Bild, das sich ihr darbietet, muss aber auch merkwürdig sein. Mein Vater steht mit offenem Mund vornübergebeugt vor dem Sofa, hält sich mit der einen Hand an seiner Bierflasche fest, zeigt mit der anderen in Richtung Bildschirm und stammelt ununterbrochen: „Tor, Tor, Tor!“, während ich auf dem Teppich knie, den Fernseher anbete und stumm den Triumph genieße.

„Seid ihr noch zu retten?“, fragt Ma.

Wir antworten nicht, sondern warten nur noch gebannt auf den Schlusspfiff, der wenige Sekunden später die Erlösung bringt.

„Berlin, Berlin, wir fahren nach Berlin!“, ruft mein Vater völlig begeistert.

Wir fallen uns um den Hals, während meine Mutter nur dasteht und fassungslos unserem Treiben zusieht.

Geschafft sinke ich zurück in meinen Sessel. Ich fühle mich, als ob ich eben selbst 90 Minuten Fußball gespielt hätte.

„Ihr habt also gewonnen“, stellt meine Ma fest. „Herzlichen Glückwunsch!“

Papa und ich strahlen sie an. Meine Mutter hat keine Ahnung von Fußball. Sie glaubt, es sei die brutalste aller Sportarten, vor allem seit meinem Kieferbruch. Obwohl das mit Fußball doch eigentlich überhaupt nichts zu tun hatte. Zum Glück redet sie nicht so oft davon und lässt Papa und mich in Ruhe fernsehen, wenn ein Spiel läuft.

„Ich weiß wirklich nicht, was ihr an diesem blöden Sport so toll findet. Na ja, ich muss ja auch nicht alles verstehen“, seufzt sie und lässt uns wieder allein. Gerade noch rechtzeitig, bevor noch einmal die Höhepunkte des Spieles gezeigt und ausführlich analysiert werden.

10. Kapitel (Lukas)

„Nächste Haltestelle: Stadion", verkündet die Lautsprecherstimme. Die S-Bahn hält mit kreischenden Rädern. Ich presse meinen Finger auf den Zwei-Euro-Stück-großen Button, den Rest erledigt die Druckluft. Zischend öffnen sich die Türen.

Wenn doch nur alles im Leben so einfach wäre! Nur einmal auf einen Knopf drücken, und sofort erfüllt sich jeder Wunsch. Geil wär das, Alter, einfach geil. Wie von selbst steht ein frisch gezapftes Bier auf dem Tisch und auf dem Bett räkelt sich deine Traumfrau, natürlich in den heißesten Dessous. Du kannst in Sekundenschnelle deinen Zeugnisdurchschnitt um drei Noten verbessern, deinen Alten verstummen lassen, ihm einen akuten Muskelschwund verpassen oder zumindest den Gürtel in seiner Hand verwandeln, in einen Blumenstrauß oder was weiß ich was. Und du könntest auch Türkencafés in Schutt und Asche legen, ohne zu versagen …

„Scheiß Mutprobe!" Ich spucke den Fluch auf den Bahnsteig und pflanze mich auf eine Bank. Eine Meute S-Bahn-Sheriffs stiert mich an. Vollidioten! Die denken bestimmt, dass ich schwarzfahre. Arschlecken, Alter. Ich bin doch nicht blöd und fahre ohne Ticket zum Stadion, wenn Heimspiel ist. Für wie beknackt halten die mich eigentlich? Jetzt drehen sie sich wieder weg. Was soll das denn? Sind die nicht ganz dicht?! Wenigstens kontrollieren könnten die mich. Oder trauen die mir nicht zu, dass ich schwarzfahre?

He, Lolly, ganz cool. Entspann dich, ermahne ich mich selbst.

Oh Mann, ich muss doch einen Vollschaden haben! Jetzt nenne ich mich schon selbst Lolly.

Ich atme tief durch, krame eine Zigarette aus der Schachtel, stecke sie an, ziehe den Qualm bis in die Lungen und lasse mich zurücksinken. Ich bin viel zu früh. Wir sind sowieso immer schon Stunden vor dem Anpfiff am Stadion – mal sehen, was abgeht und so. Aber heute bin ich noch eine Stunde eher hier. Ich hab's zu Hause einfach nicht mehr ausgehalten. Außerdem wollte ich dem Alten nicht unbedingt in die Arme laufen.

Eine Woche Hausarrest hat er mir aufgebrummt! Der spinnt doch. Ich bin siebzehn, verdammt, also fast erwachsen. Hausarrest, pah! Das ist Freiheitsentzug, ganz ohne Gerichtsverhandlung. Aber wenn er glaubt, dass ich mich daran halte, hat er sich geschnitten. Was bildet der sich eigentlich ein?

Ich ziehe den Brief aus der Hintertasche. *Sehr geehrter Herr von Lemmbergen …* Weiter komme ich nicht.

„He, Glatze, alles klar?", labert mich ein Typ an, den ich nicht kenne. Er wuchtet mir seine gewaltige Pranke auf die Schulter, schnorrt eine Zigarette und geht weiter. Als er ein paar Meter entfernt ist, dreht er sich um, zeigt mir den Mittelfinger und brüllt: „Tod den Faschisten!"

Was ist das bloß für eine beschissene Woche?!

Zuerst die völlig schwachsinnige Mutprobe. „Wir machen das Türkencafé platt und du machst uns den Weg frei", hat Andi befohlen.

Mit „du" war ich gemeint, das habe ich spätestens geblickt, als Andi mir eine Baseballkeule in die Hand drückte, mit der ich die riesige Fensterscheibe des Cafés einschlagen sollte. Mit einem Schlag, weil für mehrere Versuche keine Zeit sei.

Alle sind sie da gewesen. Sogar Atze, die Glatze. Er saß auf der anderen Straßenseite auf dem Rücksitz seines albernen Geländewagens und gab den „Einsatzbefehl". Die anderen hatten sich „strategisch günstig" verteilt. Von wegen – verarscht haben die mich!

Mann, ich bin manchmal wirklich ein Riesentrottel. Ich hätte doch gleich etwas merken müssen. Niemand wartet zwanzig Meter entfernt darauf, dass eine Scheibe eingeschlagen wird, um dann in den Laden zu stürmen. Niemand. Aber ich Idiot …

Die können mir doch nicht erzählen, dass sie nichts von der bruchsicheren Scheibe gewusst haben. Wie ein Gehirnamputierter habe ich dreimal auf das Scheißding eingeprügelt, bevor ich begriffen habe, dass das Fensterglas bombensicher war. Drei Mal. Bis es fast zu spät war!

Beim ersten Schlag haben sich die Türken erschrocken umgedreht, beim zweiten sind die ersten bereits aufgesprungen und zur Tür gespurtet. Sekundenbruchteile nach meinem dritten Versuch, die dämliche Scheibe zu zertrümmern, stand der erste Kanaker schon auf der Straße. Ich hab ihm die Keule an die Kniescheibe gedonnert und bin losgerannt. Irgendwohin, vollkommen egal, Hauptsache weg.

Auf Umwegen bin ich irgendwie nach Hause gekommen und direkt meinem Alten in die Arme gelaufen. Natürlich hat er gefragt, warum ich so renne, und natürlich habe ich Trottel ihm geantwortet. Ach Mann, ich war irgendwie durcheinander! Die anderen haben sich bestimmt schlappgelacht über meine Dämlichkeit, und die Türken … Na ja, wenigstens haben die mich wahrscheinlich nicht erkannt. Wie auch, ich habe mich ja nicht ein einziges Mal umgedreht. Ich bin nur gerannt, quer durch die halbe Stadt, ohne anzuhalten. Bestimmt habe ich dabei einige Leichtathletikrekorde gebrochen. Zumindest war ich völlig im Eimer, als ich zu Hause ankam. Keuchend und schnaufend stand ich vor der Haustür, Rotz und Schweiß liefen mir aus sämtlichen Körperöffnungen, ich hatte immer noch nicht richtig begriffen, was eigentlich passiert war – und plötzlich ging die Tür auf, der Alte stand vor mir und blaffte mich an.

Was hätte ich tun sollen? Lügen? Klar, hab ich versucht. Doch da hat er den Brief aus seinem Jackett gezogen. Er hätte ihn aus Versehen geöffnet. Aus Versehen, von wegen. Aber egal. Locker bleiben, Lukas, hab ich zu mir selbst gesagt und meinem Alten erklärt, dass so etwas ja mal passieren könne und ich das nicht so eng sehen würde.

Mann, ich hatte ja keine Ahnung. Mein Alter blätterte den Wisch auseinander und las ihn vor. Zunächst nur den Absender, irgendwas mit „Jugendgericht“, „Konfliktschlichtungsstelle“ und „Täter-Opfer-Ausgleich“ oder so ähnlich. Ich hatte gleich so ein dummes Gefühl, dass der Brief mit dem Arschloch zusammenhing, das ich vor ein paar Wochen am Hauptbahnhof auf die Fliesen geschickt hatte. Na ja, und je mehr der Alte vorlas, desto mehr wurde der Verdacht zur Gewissheit.

Ich habe sofort meine Taktik geändert. „Lass uns reingehen, Paps“, hab ich gesagt. „Ich muss mal in Ruhe mit dir reden. Ich glaub, ich hab richtig Mist gebaut.“

Wir sind reingegangen. Doch kaum war die Tür geschlossen, hat er seinen Gürtel geöffnet und ganz langsam, fast schon genüsslich durch die Schlaufen herausgezogen …

Mann, mein Arsch tut immer noch weh. Nach Strich und Faden hat er mich vermöbelt. Ich solle da gefälligst anrufen, hat er geschrien, das sei meine letzte Chance.

Ich hab's gemacht, logisch, gleich am nächsten Tag. Das war vielleicht ein beschissenes Gefühl, mich von so einer linken Sozialzecke vorführen zu lassen. Aber mein Alter hatte recht: Es war offenbar wirklich meine letzte Chance, um eine Gerichtsverhandlung herumzukommen. Der Sozialsack hat mir erklärt, dass der Staatsanwalt ihm meinen Fall übergeben habe, damit die Sache ohne Gericht geklärt wird.

Wie sich das schon anhört: mein Fall! Als ob ich ein Verbrecher wäre …

Trotzdem muss ich in das Sozi-Büro. Nächste Woche hab ich einen Termin. Am liebsten würde ich eine Keule mitnehmen. Aber der Typ meinte am Telefon, ich soll aufpassen, dass ich mir nichts mehr zuschulden kommen lasse. Verdammt, hoffentlich spricht sich die beschissene Aktion mit dem Türkencafé nicht herum!

„He, Lolly!" Renés Stimme reißt mich aus den Gedanken. Und er ist nicht allein. Die ganze Bande steigt aus der S-Bahn und kommt johlend auf mich zu. Na toll. Manchmal scheine ich wirklich total verblödet zu sein. Hab ich denn nichts Besseres zu tun, als hier doof rumzusitzen und darauf zu warten, von denen verarscht zu werden?

„Da ist ja unser Held!", grölt Andi.

Na super, es geht sofort los. Hätten die mir nicht wenigstens ein paar Minuten Zeit lassen können?

Aber sie geben mir keine Chance, mich doch noch vom Acker zu machen. Innerhalb weniger Sekunden hat mich die ganze Horde umzingelt. Aber merkwürdigerweise scheint mich keiner auszulachen! Im Gegenteil, die grinsen zwar alle, aber nicht gehässig oder so. Sondern fast schon freundlich.

„Alter, das war echt eine geile Show!", schreit René. Er zieht eine Dose Bier auf und drückt sie mir in die Hand.

Verdutzt nehme ich sie. Was ist denn hier los? Bin ich im falschen Film, oder was?

„Mann, ich hab gedacht, ich sterbe, als du wie ein Wahnsinniger auf die Scheibe eingedroschen hast." Andi lässt seine Faust gegen meine Schulter krachen. „Es konnte doch wirklich keiner wissen, dass die stinkenden Türken Panzerglas eingebaut hatten, um ihr armseliges Rattenloch zu schützen."

„Konnte … keiner … wissen?", stammle ich. Was geht denn jetzt ab? Die Verarsche hoch zehn?!

„Ich muss zugeben, so viel Mut hätte ich dir nie zugetraut", sagt Andi.

Er und René nehmen mich in ihre Mitte und wir ziehen los, in Richtung Stadion. Die anderen sind gut drauf. Tausende Hände klopfen auf meine Schultern. Erst nach und nach kriege ich mit, dass die mich am Türkencafé nicht linken wollten. Die Türken hatten das Sicherheitsglas erst am Vortag eingebaut. Hat ihnen aber auch nichts genützt. Offenbar sind die Blindschleichen alle aus dem Café gestürmt und mir hinterhergerannt. Die anderen sind ganz locker durch die Tür hinein, und als die Knoblauchs von der erfolglosen Jagd auf mich zurückkehrten, lag ihr schönes Café in Schutt und Asche.

Geile Geschichte. Zugegeben, ich war keineswegs so cool, wie die anderen glauben, aber wen juckt's? Jetzt gehöre ich dazu. Sie nehmen mich in die Truppe auf, mit Biertaufe und allen Ehren. Endlich!

Vor dem Stadion ist tote Hose. Klar, es rennen haufenweise Fans herum, schließlich ist das Pokal-Halbfinalspiel schon lange ausverkauft. Aber alle sind locker und fröhlich. Die Zecken machen mal wieder eine Aktion, „FC-Hamburg-Fans gegen rechts“ oder so. Schwachsinn! Was hat denn das mit rechts sein zu tun, wenn wir beim Fußball auch unseren Spaß haben wollen? Außerdem ist heute sowieso keine Schlacht zu erwarten, denn die paar Hools, die sich beim SC, dem heutigen Gegner, herumtreiben, können vielleicht die Kühe auf der Weide bei sich zu Hause erschrecken, aber uns doch nicht.

Heute ist Freizeit. Heute sind wir nur hier, um Fußball zu gucken und unseren FC ins Finale zu schreien.

11. Kapitel (André)

„Na also, das sieht doch alles ganz prima aus." Der Kieferorthopäde hält das Röntgenbild gegen das Licht. „Ich denke, wir können das Gestell schon übermorgen rausnehmen."

„Echt?" Ich kann nicht glauben, was ich eben gehört habe.

„Doch, doch, du scheinst gutes Heilfleisch zu haben." Dr. Bernhard nickt bedächtig mit dem Kopf und legt das Bild auf den Tisch. Als sein Blick mein breites Grinsen auffängt, muss er auch lächeln. „Gute Nachrichten, oder?"

„Und ob!", juble ich, so gut das mit dem Drahtgestell im Mund geht. „Besser hätten sie nicht sein können."

„Also, dann sehen wir uns am Freitag und holen die Klammer raus." Dr. Bernhardt steht auf, um sich von mir zu verabschieden.

Ich möchte singen, tanzen oder Purzelbäume schlagen. Ich könnte glatt die Sprechstundenhilfe küssen und Sanne Blumen kaufen. Oder umgekehrt. Oh Mann. Nach dieser langen Odyssee durch Gemüsebrei und Magerquark ist endlich wieder Land in Sicht. Das Schlaraffenland! Voller gebratener Hühnchen, Pommes rotweiß und Schwarzbrot. Und Currywurst im Stadion.

He, ich kann wieder ins Stadion gehen! Am Samstag ist Heimspiel. Da bin ich sofort dabei! Endlich wieder ein richtiges Leben leben. Gleich heute Abend werde ich mit Sanne meine Wiedergeburt feiern.

Und bald können wir auch wieder stundenlang miteinander knutschen! Wie ich das vermisst habe. Ihre weiche Zunge in meinem Mund. Mit dem Maulkorb waren

Zungenküsse passé. Überhaupt hatten wir keine so gute Zeit. Ich konnte ja kaum was unternehmen und sie hatte keine Lust, mit mir in der Bude zu hocken. Kann ich verstehen. Ich will ja normalerweise auch nicht den ganzen Tag vor dem Fernseher rumhängen. Zumindest nicht, wenn ich am nächsten Tag frei habe.

Und dann ist sie auch noch auf Klassenreise gewesen. Zehn Tage Wien. Muss super gewesen sein. Jedenfalls für Sanne. Ich war dafür umso frustrierter, so ganz ohne sie. Wenigstens geschrieben hat sie mir. Aber richtig aufgebaut haben mich ihre E-Mails nicht.

Ach, das war eine beschissene Zeit. Aber die ist ab übermorgen Gott sei Dank vorbei. Ab Freitag wird wieder alles anders. Da führe ich Sanne groß aus. Und wenn wir nach Hause kommen, machen wir es uns so richtig schön. In meinem Körper kribbelt es wohlig warm, wenn ich daran denke. Ich hatte schon ganz vergessen, wie schön das Leben sein kann.

Der Himmel freut sich mit mir. Strahlendes Blau empfängt mich, als ich die Arztpraxis verlasse. Einen Moment bleibe ich einfach stehen, lasse den Trubel an mir vorbeiziehen und genieße den Augenblick.

Es ist, als hätte ich sechs Wochen lang am wahren Leben nicht teilgenommen. Bald werde ich wieder Moped fahren, Fußball spielen und schwimmen gehen. Vorbei die Zeit des sinnlosen Stubenhockens, Aufräumens und Fernsehglotzens. Ich freue mich sogar darauf, wieder zu arbeiten!

Wer hätte gedacht, dass ich meinen Betrieb einmal so vermissen würde. Sven, die anderen Azubis und meinen griesgrämigen Chef. Der wird Augen machen, wenn ich ihm erzähle, dass ich ab nächster Woche wieder einsatzfähig bin.

Hmm – vielleicht sollte ich gleich mal vorbeigehen? Die Firma ist nur drei U-Bahn-Stationen von hier entfernt. Zu Fuß schaffe ich die Strecke locker in einer halben Stunde, sogar mit Maulkorb. Ja, klar, das mache ich.

Der Weg zu meinem Betrieb führt an einer Eisdiele vorbei. Zufriedene Menschen lecken an ihrem Waffeleis und blinzeln in die Sonne. Nächste Woche sitze ich mit Sanne hier und bestelle eine Riesenportion Stracciatella. So viel ist sicher.

An der nächsten Ecke liegt ein Sportartikelladen. In der Eingangstür hängt ein riesiges Plakat: *AUF ZUM SPIEL DES JAHRES! BUSREISE ZUM POKALFINALE DES FC HAMBURG NACH BERLIN! TICKETS HIER ERHÄLTLICH!*

Ich zögere nur einen Moment, bevor ich den Laden betrete und vorbei an den Kleiderständern mit den Trikots aller Bundesligisten, an Regalen mit Fußballschuhen, Tennisschlägern und Golftaschen zum Verkaufstresen gehe.

Fünf Minuten später bin ich um 240 Euro ärmer, aber dafür im Besitz von zwei Busreisetickets nach Berlin, inklusive Eintrittskarten für das Pokalendspiel. Sanne wird Augen machen, wenn ich ihr die heute Abend unter die Nase halte. Stolz wie Oskar verlasse ich den Laden. Berlin, wir kommen!

Bis zu meinem Ausbildungsbetrieb ist es nur noch ein kurzes Stück. Der Eingang führt direkt in den Werkraum. Vorsichtig schleiche ich mich an Sven heran und zwicke ihm von hinten in die Seite. Erschrocken fährt er herum. Als er mich erkennt, leuchten seine Augen auf. „He, André! Das ist ja 'ne Überraschung!"

Ich halte ihm Daumen und Zeigefinger vors Gesicht. „Na, wie viel sind das?", will ich von ihm wissen.

„Zwei natürlich", sagt er und sieht mich fragend an.

„Genau. Zwei Tage noch, dann bin ich wieder frei."

„Frei?" Sven versteht immer noch nicht.

„Na, dann kommt das blöde Folterinstrument endlich raus."

„Echt? Geil, Alter. Dann bist du ja bald wieder im Einsatz."

„Nächste Woche", antworte ich, nehme den Akkubohrer von Svens Werkbank, halte ihn triumphierend in die Luft und lasse ihn zweimal kurz aufheulen.

„Leg das Teil aus der Hand!" Wie aus dem Nichts ist unser Chef aufgetaucht. Er macht ein verärgertes Gesicht. „Was machst du hier überhaupt? Wenn mich nicht alles täuscht, bist du krankgeschrieben. Also, ab nach Hause mit dir!"

Der Alte meckert, wie immer. Aber meine Bombenstimmung kriegt er nicht kaputt.

„Stellen Sie sich vor, Meister, übermorgen wird das Drahtgestell entfernt. Dann komme ich wieder in den Betrieb."

„Übermorgen also", murmelt der Chef, kratzt sich in seinem Bart und sieht mich sehr merkwürdig an.

Irgendetwas stimmt hier nicht, das merke ich sofort.

„Dann komm doch mal mit in mein Büro. Ich hab mit dir zu reden", murmelt der Meister und dreht sich um.

Ich wechsle einen Blick mit Sven, doch der zuckt mit den Schultern. Er hat auch keine Ahnung, was der Alte von mir will. Der Mann wird uns wohl immer ein Rätsel bleiben.

Im Büro nimmt mein Meister auf seinem Drehstuhl Platz und kommt sofort zur Sache. „Also André, ich habe noch mal über deine Situation nachgedacht. Du hast in den letzten Wochen viel Stoff verpasst. In der Berufsschule, und hier im Betrieb auch. Das kannst du gar nicht mehr aufholen. Du warst ja erst zwei Monate dabei. Und dann gleich sechs Wochen Pause. Es ist besser, du erholst dich richtig und fängst nach den Sommerferien mit der Ausbildung noch einmal von vorne an."

Wie? Was? Habe ich das eben richtig verstanden?

Der Alte erhebt sich aus seinem Stuhl, geht ein paar Schritte auf mich zu, zögert, lehnt sich gegen die Fensterbank und sieht mich mit einem verlegenen Achselzucken an. „Ist doch kein Beinbruch, Junge. Du hättest enorme Schwierigkeiten, mit den anderen mitzuhalten. Es ist besser, noch einmal neu zu beginnen. Was ist in deinem Alter schon ein halbes Jahr …?"

Ich bin unfähig, etwas zu sagen. Es ist, als hätte mich eine volle Breitseite erwischt. Kein Beinbruch? Verdammt, was weiß der denn?!

„Lassen Sie es mich doch wenigstens probieren", stottere ich.

„Es hat keinen Sinn, André. Du weißt, wie viel ich hier zu tun habe. Da kann ich mich nicht auch noch darum kümmern, dich mitzuschleifen."

Ich spüre, dass der Alte irgendwo recht hat. Aber was nützt mir das? Die Konsequenzen muss ich allein tragen.

Leere breitet sich in meinem Kopf aus, während mein Chef mich mit sanftem Druck und ein paar tröstenden

Worten zur Tür hinausschiebt und bis auf den Hof begleitet.

„Mach dir jetzt mal keinen Kopf. Wenn das Ding da aus deinem Mund raus ist, kommst du noch mal vorbei und wir besprechen alles Weitere. Dein Ausbildungsplatz ist dir sicher, verlass dich drauf. Und das Urlaubsgeld kriegste auch. Schwarz." Er zwinkert mir verschwörerisch zu, klopft mir väterlich auf die Schulter und verabschiedet sich.

Unvermittelt muss ich an das glatzköpfige Arschloch denken, das mir das alles eingebrockt hat. Die Gedanken machen mich halb wahnsinnig. Er hat Schuld, dass es Probleme mit meiner Ausbildung gibt! Und dass ich das Pokalhalbfinale verpasst habe und all die anderen Spiele. Dass ich mich wochenlang in meiner Wohnung gelangweilt habe und schon Ewigkeiten nichts Richtiges mehr mit Sanne unternehmen konnte. Kein Moped fahren, kein Schwimmbad, kein gar nichts!

Mit der geballten Faust in der Tasche überquere ich den Hof. Nur das Bild von dem Idioten im Kopf, stiefle ich zur U-Bahn-Station.

„Merkst du nicht, dass du die Leute belästigst, du Penner?" Die Stimme kommt aus Richtung des U-Bahn-Eingangs. Ich schaue hoch – und traue meinen Augen nicht. Da ist der Kerl! Ich will losrennen, auf ihn zustürmen, ihn … ich weiß nicht, was.

Plötzlich merke ich, dass ich mich getäuscht habe. Das ist gar nicht der Typ, der mich zusammengeschlagen hat. Er sieht ihm nur ziemlich ähnlich.

„Ekelhaft, wie der stinkt …!", schreit der Skin angewidert.

Zu zweit stehen sie neben der Treppe, die hinunter zu den Gleisen führt. Schwarze Jeans, weiße T-Shirts, rote Hosenträger. Keine zehn Meter von mir entfernt attackieren sie einen tatsächlich nicht besonders gepflegt aussehenden Mann.

„Wieder in Rattenpisse gepennt, was?“, brüllt der andere.

Verängstigt drückt sich der hagere Mann im speckigen Jogginganzug an das Treppengeländer.

Der Skin spuckt vor ihm auf den Fußboden. „Hier, damit kannst du dich waschen, Penner! Na los, auf die Knie mit dir!“

Was für Arschlöcher! Machen den Lauten und können nichts als zuschlagen. Hohlköpfe.

Hört auf, ihr Schweine!, will ich rufen. Will auf die Glatzen zustürmen, sie die Treppe hinuntertreten. Doch im letzten Moment meldet sich mein Verstand zurück. Halt, André, sei clever! Misch dich nicht ein, nicht mit dem Maulkorb und nicht gegen zwei. Zumindest nicht ohne Waffe. Fieberhaft schaue ich mich um. Auf einer Baustelle hinter einer Absperrung liegen ein paar Pflastersteine. Ohne zu zögern, laufe ich hinüber, schnappe mir einen und …

Lautes Gezeter aus Richtung der Treppe lässt mich aufblicken. Eine alte Frau hat sich einfach zwischen die beiden Skins und den Obdachlosen gestellt. Ihre einzige Waffe ist der Gehstock, den sie drohend über ihrem Kopf schwingt.

„Schämt euch, ihr Halbstarken!“, höre ich sie rufen. „Seht zu, dass ihr verschwindet. Oder soll ich erst die Polizei holen?“

Andere Passanten sind durch das Geschrei der alten Frau aufmerksam geworden und bleiben stehen.

Verunsichert schauen sich die Skins an. Sie wissen offensichtlich nicht, was sie machen sollen. Bis einer der beiden dem anderen einen Wink gibt.

„Reg dich ab, Alte“, zischt er und steigt rückwärts Schritt für Schritt die Treppe hinunter. Der andere Glatzkopf folgt ihm.

Krampfhaft umklammern meine Finger noch immer den kalten Stein. Die harten Kanten drücken in meine Handfläche.

An der U-Bahn-Treppe löst sich die kleine Menschenmenge auf. Doch einige bleiben noch und diskutieren miteinander. Zwei Männer kaufen dem Obdachlosen eine Zeitung ab.

Ich lasse den Arm langsam sinken und starre benommen auf das Ding in meiner Hand. Langsam lichtet sich der Nebel in meinem Kopf. Ich hätte den Stein geworfen, wenn die alte Frau nicht dazwischengegangen wäre. Ich hätte es wirklich getan!

12. Kapitel (Lukas)

Der Mann sieht anders aus, als ich ihn mir von seiner Stimme am Telefon her vorgestellt habe. Kein Vollbart, kein selbst gestrickter Pullover, keine Jesuslatschen. Auch kein Müsliriegel und kein Kräutertee, stattdessen futtert er ein Mars, trinkt Cola dazu und bietet mir auch gleich eine an. Natürlich lehne ich ab. Mich können diese linken Zecken doch nicht täuschen.

Eigentlich scheint er aber ganz nett zu sein. Zumindest hat er mir nicht gleich den Kopf abgerissen, obwohl ich eine halbe Stunde zu spät gekommen bin. Er stellt sich als Tom vor, bietet mir das Du an und erklärt mir, während er mich in sein kleines Büro führt, dass er innerhalb der Konfliktschlichtungsstelle für die Täterbetreuung zuständig ist.

Er setzt sich hinter seinen Schreibtisch und betrachtet mich. Lange, so ungefähr eine halbe Ewigkeit. Das macht mich ganz nervös. Ist der schwul, oder was?

„Du bist also Lukas", sagt er schließlich.

Wahnsinn, ich hab's mit einer Intelligenzbestie zu tun.

„Du weißt, warum du hier bist?"

Ich zucke mit den Schultern und schweige.

„Okay, ich kann auch anders", sagt er, holt einen dünnen Aktenordner hervor, auf dem mein Name steht, schlägt ihn auf und beginnt mit monotoner Stimme die Straftaten vorzulesen, die mir vorgeworfen werden. Lang und breit, in aller Ausführlichkeit, sogar das Aktenzeichen verschweigt er nicht.

Mir wird von Minute zu Minute mulmiger zumute. Offensichtlich wissen die ganz genau Bescheid. Es ist alles so beschrieben, wie es sich damals tatsächlich abgespielt hat.

Der Sozialsack klappt den Aktendeckel schwungvoll zu und sieht wieder mich an. „Du hast Mist gebaut, Lukas von Lemmbergen“, sagt er. „Einen unglaublichen Mist!“

Ich versuche, trotz des miesen Gefühls, das langsam, aber sicher in mir hochkrabbelt, locker zu bleiben, lehne mich in dem Stuhl zurück und grinse ihn an.

„Das Lachen wird dir schon noch vergehen, glaub mir“, verspricht er.

Mir läuft ein kalter Schauer über den Rücken, obwohl seine Stimme eigentlich ganz freundlich klingt.

„Du hast gehört, wie die Staatsanwaltschaft den Vorfall beschreibt. Ich würde jetzt gern deine Version hören.“

Dreck! Was soll ich jetzt machen? Lügen? Irgendwelche Geschichten erzählen? Das scheint ziemlich sinnlos zu sein.

„Es stimmt schon alles so, wie es da steht“, murmle ich deshalb und deute mit einem Kopfnicken auf den Aktenordner.

„Ja, das weiß ich“, sagt der Mann. „Ich möchte die Geschichte trotzdem aus deiner Sicht hören.“

„Und warum?“

„Sagen wir mal, weil ich dir helfen will“, sagt er ganz ernsthaft.

„So weit kommt es noch, dass ich mir von einer linken Zecke helfen lasse!“, platzt es aus mir heraus.

Der Typ sieht mich überrascht an. „Wie kommst du darauf, dass ich ein Linker bin?“

„Das seid ihr Sozialarbeiter doch alle!“

„Interessant“, lacht der Mann. „Und was ist mit dir? Bist du ein Rechter?“

Aufpassen, Lukas!, denke ich. Der Typ will dich reinlegen.

„Nein“, sage ich so gleichgültig wie möglich. Und das ist noch nicht einmal gelogen. Mir geht es wie René: Politik ist mir egal. Ich bin weder rechts noch links. Irgendwie bin ich … gar nichts. Keine besonders tolle Erkenntnis.

„Nein?“, hakt der Typ nach. „Heißt das, du hast dich von deinen alten Freunden verabschiedet? Von René, Andi und der ganzen Gang?“

Verdammt, woher kennt der die Namen?, denke ich, während ich zögernd nicke.

„Bist du ganz sicher?“ Der Mann nimmt ein Foto aus dem Aktenordner und legt es auf den Schreibtisch. „Und was ist dann das hier?“

Ein Blick genügt, um zu wissen, dass das Foto vergangene Woche aufgenommen wurde. Im Stadion, beim Pokalhalbfinale, kurz nachdem Moser vom Platz geflogen war. Ich sehe mich am Zaun hängen, ganz oben, direkt neben Andi.

„Woher haben Sie das Foto?“, frage ich.

„Na, ihr steht unter ständiger Beobachtung, du und deine Freunde“, erklärt er wie selbstverständlich. „Bei jedem Heimspiel – und neuerdings auch bei den Auswärtsfahrten. Du weißt bestimmt, warum.“

Er lacht, und das geht mir plötzlich ebenso auf den Geist wie seine Stimme, die weich und warm und irgendwie arschkriecherisch klingt.

„Nein, wieso?“, frage ich angespannt.

Der Typ sieht mich skeptisch an. „Sag mal, bist du wirklich so dämlich oder verstellst du dich bloß?“

Spinnt der? Wie kommt der dazu, mich als Idioten hinzustellen? Der schreit ja geradezu danach, eins in die Fresse zu kriegen. Von mir aus, das kann er haben! „Hör mal zu, du Arsch …!“

Weiter komme ich nicht. Er springt auf, donnert seine Faust auf den Schreibtisch und starrt mich wütend an. Unwillkürlich zucke ich zurück.

„Du hältst jetzt deinen Mund!“, fährt er mich an. „Anscheinend hast du immer noch nicht begriffen, in welche Scheiße du dich da reingeritten hast. Junge, es geht um eine Anzeige wegen eines Raubüberfalls! Das ist kein Kinderkram, sondern ein ernsthafter Vorwurf. Wenn du jetzt nicht aufpasst, wirst du das dein Leben lang bereuen.“ Er lässt sich wieder auf seinen Stuhl zurücksinken und atmet tief durch. „So, jetzt ist Schluss mit den Zicken“, sagt er wieder ruhiger. „Fangen wir also noch mal ganz von vorne an …“

Zuerst informiert er mich ganz allgemein über seine Tätigkeit als Täterbetreuer. Das meiste weiß ich schon, weil es auch in der Broschüre stand, die seinem Brief beigefügt war. Die habe ich überflogen, eines Abends, vor dem Einschlafen.

„Du hast Glück, dass du in Hamburg wohnst.“

„Wieso?“, frage ich desinteressiert.

„Weil du in einigen anderen Bundesländern schon längst dem Jugendrichter vorgeführt worden wärst!“, sagt er und legt richtig los.

Ich will nicht zuhören und versuche meine Ohren auf Durchzug zu stellen. Aber das funktioniert nicht. Worte wie „Jugendknast“, „Bewährungsauflagen“ und „ruinierte Zukunft“ lassen mich aufhorchen.

Der Typ zieht mächtig vom Leder. Ich weiß nicht, ob das alles stimmt, was er erzählt. Aber es hört sich sehr beeindruckend an. Zuerst versuche ich noch zu protestieren und will ein paar Dinge in einem etwas besseren Licht darstellen. Doch er lässt sich nicht unterbrechen, und ich werde immer nachdenklicher.

Unsere Truppe wird offenbar seit einiger Zeit von einer Spezialeinheit der Polizei überwacht, vor allem Andi und Atze, die Glatze. Die seien „politisch motiviert“, wie der Typ sich ausdrückt, und gehören angeblich einer rechtsradikalen Partei an. Das überrascht mich nicht. Eher schon, dass die Polizei auch über mich ein paar Details weiß. Zum Glück werde ich aber von niemandem mit dem Überfall auf das Türkencafé in Zusammenhang gebracht.

Trotzdem fühle ich mich schon bald wie ein Schwerverbrecher, der froh sein kann, dass es in Deutschland die Todesstrafe nicht mehr gibt.

„Und was mache ich jetzt?“, frage ich flüsternd, nachdem der Typ seinen Vortrag beendet hat.

„Ganz einfach: Rede mit mir! Ob du es nun glaubst oder nicht – ich will dir helfen. Das bedeutet nicht, dass ich gutheiße, was du getan hast. Ganz im Gegenteil.“

„Und warum wollen Sie … ich meine: Warum willst du mir helfen?“, frage ich zögernd und schaffe es nicht, ihn anzusehen.

„Das ist mein Job“, erklärt Tom. „Außerdem glaubt sogar der Staatsanwalt, dass dir noch zu helfen ist. Sonst hätte er deinen Fall nicht an uns weitergeleitet.“

Bei dem Wort „Staatsanwalt" sehe ich mich sofort in dem Jugendknast auf der Insel mitten in der Elbe. Doch allmählich begreife ich auch, dass ich anscheinend wirklich noch Glück gehabt habe. Aber dass nun ausgerechnet die Sozialzecke mir helfen soll …?

Ach, was soll's. Sieht so aus, als könnte ich im Moment jede Hilfe gebrauchen.

„Okay", sage ich und sehe ihn zögernd zum ersten Mal an. „Reden wir also. Was willst du wissen?"

Tom atmet auf und nickt mir zu.

„Das war ja eine schwere Geburt", stöhnt er und lächelt mich an. „Fang einfach an zu erzählen. Am besten fängst du mit dem bewussten Samstagmorgen an. Wieso bist du überhaupt zum Hauptbahnhof gefahren, obwohl du kein Ticket und keine Kohle hattest?"

Ich lasse mich im Stuhl zurücksinken. „Das ist einfach zu erklären", beginne ich …

13. Kapitel (André)

Vorsichtig schiebe ich die untere Kieferhälfte zuerst nach rechts, dann nach links. Es funktioniert. Keine Schmerzen, kein Widerstand. Mein Mund gehört wieder mir.

Zufrieden grinse ich mein Spiegelbild an und beschließe, mich zu rasieren. Mit einem satten Brummen mäht die Maschine die Stoppeln aus meinem Gesicht. Das kühle Metall fühlt sich angenehm auf der Haut an. Glatt wie ein Babypopo, meldet meine Hand beim Befühlen des Kinns. So muss das sein. Ein wenig Rasierwasser noch auf die trockene Haut und das neue Deo mit dem markanten Geruch unter die Achseln. Das frisch von Ma gebügelte Hemd hängt schon über der Stuhllehne. Dazu meine schwarze Hose, die ich zum letzten Mal bei Papas Geburtstag getragen habe. Ein letzter prüfender Blick. Na, wie sehe ich aus?, frage ich mein Spiegelbild. Super, antwortet es, ohne zu zögern. Fröhlich pfeifend verlasse ich das Bad.

Genau in dem Moment späht Ma aus der Küche um die Ecke. „Carl, komm mal schnell her und sieh dir deinen Sohn an!“, ruft sie in Richtung Wohnzimmer.

„Und ich dachte schon, du bist ins Klo gefallen, so lange, wie du da drin warst“, sagt sie zu mir gewandt. „Aber jetzt kann ich verstehen, warum.“

Lässig bleibe ich im Flur stehen und überprüfe noch einmal den Sitz des Kragens.

„Junge, Junge, das macht ja einiges her“, kommentiert mein Vater anerkennend. „Vielleicht solltest du dir öfter den Kiefer brechen, wenn du dich danach immer so herausputzt.“

So ein Satz vor einer Woche und ich hätte schlechte Laune bekommen. Aber heute kann mich wirklich nichts erschüttern.

„Gefalle ich euch also?“, frage ich betont cool und stolziere wie bei einer Modenschau einmal den Flur auf und ab.

„Sanne wird jedenfalls Augen machen“, sagt mein Vater. „Ihr werdet sicher einen schönen Abend haben.“

Das nehme ich als Schlusssatz. „Bis Morgen“, verabschiede ich mich und springe das Treppenhaus hinunter. Draußen weht mir ein lauer Abendwind um die Nase. Gierig sauge ich die frische Luft ein.

Vier Stationen mit der Bahn und zehn Minuten zu Fuß, dann stehe ich vor Sannes Haustür. Ihre Eltern sind im Theater, sodass wir mindestens bis Mitternacht sturmfreie Bude haben.

„Bond, James Bond“, melde ich mich durch die Gegensprechanlage und vernehme das Kichern von Sanne, bevor der Summer ertönt.

Oben ist die Tür noch geschlossen. „Sofort aufmachen!“, rufe ich und hämmere mit der Faust dagegen.

„Moment noch“, schallt Sannes Stimme von drinnen, bevor sich kurze Zeit später endlich die Tür öffnet.

Erstaunt bleiben wir voreinander stehen und mustern uns, als hätten wir uns jahrelang nicht gesehen. Sanne hat den roten Rock angezogen, den ich so mag. Das schwarze Trägerhemd lässt ihre Schultern frei, auf die ihre blonden Haare fallen. Augen und Lippen sind leicht geschminkt.

Ich weiß nicht, was ich sagen soll. Sanne auch nicht. Wir lächeln uns an, dann küssen wir uns. Vorsichtig zuerst, dann werden die Berührungen immer länger, bis sich unsere Zungen ineinander verknoten.

Sanne nimmt mich an die Hand und führt mich durch den Flur in die große Küche. Der Duft von Nudeln und Hackfleisch steigt mir in die Nase. Auf dem gedeckten Tisch brennen Kerzen.

„Setz dich einfach hin und entspann dich", säuselt Sanne.

Sie verschwindet um die Ecke und bringt einen CD-Player mit. Sanfte Klänge erreichen mein Ohr. Die Scheibe kenne ich, es ist die aktuelle *Kuschelrock*.

Aus dem Kühlschrank holt Sanne eine Flasche Sekt und gibt sie mir. Während ich vorsichtig den Metalldraht löse, stellt Sanne einen Tomatensalat auf den Tisch. Ploppend fliegt der Korken an die Decke, und ich muss mich beeilen, damit der Schaum auch wirklich in unseren Gläsern landet.

Sanne verteilt den Salat auf die Teller, nimmt ein Glas und bleibt am Tisch stehen. Feierlich schaut sie mich an. „Ich finde es klasse, dass du das blöde Ding endlich los bist und dass der Tag heute vielleicht mehr als ein Geburtstag wert ist. Deswegen auch die Einladung. Lass uns jetzt ..."

Sannes Handy klingelt. Einen Moment zögert sie, dann schaut sie mich entschuldigend an und geht dran.

„He, Ronni", höre ich sie sagen. Dann dreht sie mir den Rücken zu und senkt die Stimme. Ich kann trotzdem alles verstehen. „Ich habe dir doch gesagt, dass ich heute Abend keine Zeit habe ... Nein, morgen auch nicht ... Das siehst du richtig, es wird nichts mit Kino ..." Sannes Stimme wird noch leiser, die letzten Sätze dringen nur noch als ein undeutlicher Wortbrei an mein Ohr. Dann legt sie auf.

Ronni, der alte Schleimer! Er geht in Sannes Klasse und ist schon lange hinter ihr her. Das Schlimmste ist, dass sie ihn auch noch ganz nett findet! Meine Gabelspitzen bohren sich tief ins Tomatenfleisch. Ich starre weiter auf den Teller vor mir, als Sanne sich wieder hinsetzt, und teile die roten Scheiben darauf in immer kleinere Stücke.

„Willst du gar nichts essen?“, fragt Sanne zögerlich nach unendlichen Minuten des Schweigens.

„Frag doch Ronni, ob er Hunger hat“, entgegne ich bissig.

Mit einem Ruck schiebt Sanne den Stuhl nach hinten und springt auf. „Jetzt spiel hier mal nicht den eifersüchtigen Ehemann! Wir wollten bloß ins Kino gehen. Aber als klar war, dass es mit dir was zu feiern gibt, habe ich Ronni sofort abgesagt.“

In meinem Kopf ist Flaute. Stumpf starre ich noch immer auf den roten Matsch vor mir.

„Ist ja nicht nur das Kino“, sage ich nuschelnd, als hätte ich die Klammer noch immer im Mund. „Du warst ja auch so in letzter Zeit ganz schön oft mit dem Typ unterwegs.“

„Ja und? Mit dir war ja nichts mehr los.“ Sie starrt mich mit funkelnden Augen an. „Sollte ich etwa den ganzen Tag in meiner Bude hocken? Nee danke, keinen Bock drauf. Und Ronni hatte nun mal Lust, was zu unternehmen. Ist doch kein Problem, oder?“

„Ach, jetzt bin ich also Schuld? Was sollte ich denn bitte schön machen, mit dem blöden Ding im Mund?

Du weißt ganz genau, wie schlecht es mir ging. Hättest dich ja mehr um mich kümmern können."

Sanne lacht spöttisch auf. „Mehr um dich kümmern? Wie denn, wenn du jede Annährung abblockst? Ich bin doch immer wieder angekommen. Aber Herr Maschner wollte ja lieber allein sein und fernsehen. Was sollte ich denn da noch groß machen?"

„Ach Mann, ich … ich …"

„Ja, genau!", unterbricht mich Sanne. „Immer nur du. Du, du, du. Hast du ein Mal daran gedacht, wie es mir ging? Ich habe dich vermisst! Wie gern hätte ich einfach mal nur mit dir gekuschelt. Ging ja alles nicht. Der Herr Maschner hat ja gelitten!"

„Du bist echt ungerecht!", rufe ich stinksauer. „Als ob ich darum gebettelt hätte, dass mir dieses Arschloch den Kiefer zertrümmert! Und jetzt soll ich den auch noch treffen!"

Sanne sieht mich überrascht an. „Du sollst was?! Hat der sich etwa bei dir gemeldet?"

„Nee, der nicht. Aber irgend so eine Stelle vom Gericht." Ich ziehe den zusammengefalteten Brief aus der Hosentasche, der heute Morgen im Kasten lag. Ich hatte ihn bis eben glatt vergessen, sosehr hatte ich mich auf den Abend gefreut.

Sanne setzt sich wieder. „Nun sag schon, was passiert ist."

Also gut, was soll's, der Abend ist eh schon im Eimer. Ich falte den Brief auseinander, streiche ihn glatt und lese ihn vor: „Lieber André, durch die Staatsanwaltschaft habe ich erfahren, dass du das Opfer einer Straftat geworden bist. Der Vorgang wurde an unsere Konfliktschlichtungsstelle mit der Anregung übersandt, einen Täter-Opfer-Ausgleich durchzuführen. In diesem Verfahren bin ich mit der Wahrnehmung deiner Interessen beauftragt. Ich möchte dir gerne in einem persönlichen Gespräch den Verlauf eines Täter-Opfer-Ausgleichs und die dir damit verbundenen Vorteile erläutern."

Es folgen Terminvorschlag, Ort und Telefonnummer. Unterschrieben hat ein Michael Lambrecht, Opferbetreuer. Zum Schluss lege ich noch die Faltblätter auf den Tisch, die dem Brief beigefügt waren.

Sanne schaut mich an. Immer noch ein wenig ratlos, aber nicht mehr wütend. Ich kann sehen, wie es in ihrem Kopf arbeitet. Regungslos sitzt sie auf ihrem Stuhl und starrt auf den Brief, als könnte sie darin etwas finden, was ich ihr noch nicht vorgelesen habe.

„Ich will dabei sein", sagt sie plötzlich.

„Nun mal langsam", versuche ich ihren Tatendrang zu bremsen. „Ich weiß ja noch nicht einmal, ob ich da überhaupt hingehe."

„Wieso das denn nicht?"

Gute Frage. Wie soll ich das bloß erklären? Einerseits habe ich eine unglaubliche Wut auf das Arschloch. Aber ich habe auch Angst davor, ihm gegenüberzustehen. Ich kann mich noch genau an seine dumme Fratze erinnern. Richtig gruselig sah der aus. Was könnte ich so einem schon sagen? Der ist doch zu blöd, um einen zusammenhängenden Satz zu begreifen!

„Wieso willst du da nicht hingehen?", fragt Sanne noch einmal.

„Was soll das denn bringen?", frage ich resigniert zurück. „Irgendwie ist das doch eh alles gelaufen."

„So ein Quatsch!“ Sanne schlägt mit der flachen Hand gegen die Wand, beruhigt sich wieder, hockt sich vor mich auf den Boden und umfasst meine Knie. „Bitte, ruf da an! Du musst dich doch bestimmt nicht sofort entscheiden.“

Hat Sanne recht? Ich weiß es nicht. Irgendwie kriege ich gerade gar nichts richtig mit. Außer, dass es hier nicht mehr so verführerisch duftet wie noch vor einer halben Stunde.

„Der Auflauf!“, schreit Sanne im selben Moment. Sie springt auf und rennt zum Backofen. Beißender Rauch dringt in die Küche, als sie die Ofenklappe öffnet. „Oh nein, alles verbrannt! Scheiße, scheiße, scheiße …“

Völlig frustriert schleudert Sanne die Auflaufform auf das Blech zurück. Ich stehe auf und nehme sie liebevoll in den Arm.

„Dann müssen wir eben etwas anderes knabbern“, hauche ich ihr ins Ohr. Zärtlich küsse ich zuerst ihren Hals und wandere mit meinen Lippen dann langsam aufwärts bis zu den kleinen Ohrläppchen. Ich merke, wie Sanne sich langsam entspannt. Vorsichtig gehe ich rückwärts, ziehe sie mit mir in den Flur und dirigiere uns in ihr Zimmer. Die Tür fliegt ins Schloss. Meine Hände rutschen unter Sannes Hemd. Die Küsse werden heftiger. Mit den Hacken stoße ich gegen ihr Bett. Langsam sinken wir auf die Matratze …

14. Kapitel (Lukas)

„Lukas! Deine Freunde sind da, um dich abzuholen!"

Die Stimme meiner Mutter holt mich aus dem Computerspiel zurück in die Wirklichkeit. Mein Blick streift die Uhr neben dem Schreibtisch. Verdammt! Ich habe glatt die Zeit verpennt. Dabei will ich heute Abend doch auf die Piste gehen – mit René, Mick, Bobby, Andi und all den anderen. René hat gestern angerufen und gefragt, ob ich auf eine Kieztour Bock hätte. Geil, so hatte ich mir das immer vorgestellt, damals, als ich noch nicht richtig dazugehörte. Ich schmeiße mich in meine Klamotten, sichere den Spielstand, schalte den Computer aus und stürme die Treppen nach unten. Die Haustür ist zu.

„Mensch, Mama, hättest du sie nicht hereinbitten können?", frage ich vorwurfsvoll.

Sie sieht mich entrüstet an. „Du weißt genau, was ich von denen halte", sagt sie.

„Aber … das sind meine Freunde!"

„Schöne Freunde hast du dir ausgesucht", schimpft sie leise. „Wenn es nach mir ginge …"

„Geht es aber nicht", unterbreche ich sie und frage etwas freundlicher: „Kannst du mir ein bisschen Geld geben? Wir wollen durch die Gegend ziehen und vielleicht noch irgendwo was trinken."

„Wo ist denn dein Taschengeld geblieben?", fragt meine Mutter, während sie schon in die Küche geht. Sie zieht seufzend eine Schublade auf und holt einen 20-Euro-Schein unter dem Besteckkasten hervor. „Reicht das?"

Ich sehe sie stirnrunzelnd an, quäle ein mühsames „Danke" heraus und drehe mich betont langsam um.

Mamas seufzt noch einmal, allerdings wesentlich lauter. „Ach Junge, wann lernst du endlich, mit deinem Geld auszukommen?“

Ich höre, wie sie erneut die Schublade öffnet. Einen Augenblick später drückt sie mir einen weiteren Schein in die Hand. „Hier. Ich wünsche dir einen schönen Abend. Aber sag Papa nichts von dem Geld.“

„Keine Sorge, Mama. Danke!“ Ich gebe ihr schnell einen Kuss auf die Wange, hole das Sixpack aus dem Kühlschrank, das ich am Nachmittag von meiner letzten Kohle gekauft habe, und verschwinde aus der Küche.

Ich reiße die Haustür auf und werfe einen schnellen Blick auf den Schein: Es ist ein Fünfziger! Grinsend lasse ich ihn in der Hosentasche verschwinden und werfe mit Schwung die Tür hinter mir ins Schloss.

„Hi“, begrüße ich die anderen gut gelaunt.

„Wurde ja auch mal langsam Zeit“, nörgelt Bobby. „Noch zwei Minuten, und wir wären verschwunden.“

„Deine Alte hätte uns doch wenigstens auf ein schnelles Bier reinlassen können“, lallt Mick. „Andi hat recht: Du hast sie nicht gut erzogen.“

Oh Mann, der ist ja jetzt schon hacke!

„Halt's Maul, Mick!“, sage ich etwas unvorsichtig, denn bei ihm weiß man nie, wie er reagiert, wenn er besoffen ist. Manchmal wird er lammfromm und kann dann sogar richtig nett sein. Es kann aber auch sein, dass er abdreht und alles kurz und klein prügelt. Trotzdem setze ich noch einen drauf: „Und lass meine Mutter aus dem Spiel. Auf die lass ich nichts kommen, klar?“

Schon gar nicht mit ihren 70 Euro in der Tasche, denke ich und reiße den Karton auf. Mithilfe meines Feuerzeugs lasse ich den Kronkorken vom Flaschenhals ploppen, leere die Flasche auf ex und öffne sofort die nächste.

„Schon gut", sagt Mick und hebt entschuldigend die Hände. „Willst du das etwa alles allein saufen?"

Wortlos werfe ich ihm eine Flasche zu. Doch Andi ist schneller. Wie ein Frosch, der mit seiner Zunge eine Fliege fängt, lässt er seinen Arm vorschnellen und greift sich das Bier.

„Mutterliebe", sagt er und öffnet die Flasche mit seinen Zähnen, „Mutterliebe ist 'ne gute deutsche Tugend."

„Tu mir einen Gefallen und lass mich heute mit dem Scheiß in Ruhe, ja?!" Mick reißt ihm die Flasche energisch wieder aus der Hand. „Ich kann dein ewiges Deutschland-Gequatsche nämlich nicht mehr hören."

Andi öffnet schon seinen Mund, um eine passende Antwort zu geben, doch René geht dazwischen. Er nimmt die restlichen drei Flaschen und drückt Andi eine in die Hand. „Hier, trink und sei ruhig. Du kennst doch Mick, also reg dich nicht auf. Außerdem hat er recht: Heute Abend wird gefeiert! Deine Politik hat jetzt mal Sendepause."

„Politik ist immer und überall", murmelt Andi. Doch dann winkt er ab, lässt das Bier die Kehle hinunterlaufen, schleudert die leere Flasche in den Garten unserer Nachbarn und übernimmt wieder das Kommando. „Okay, Leute, Partytime! Wir müssen uns warm machen für das Spiel morgen. Ich schlage vor, wir fahren erst mal zum Kiez. Da treffen wir bestimmt auch die anderen."

Er steuert auf den Geländewagen zu, der auf der anderen Straßenseite geparkt ist.

„He, ist das nicht Atzes Wagen?", frage ich erstaunt.

„Nein, der gehört der Partei", erklärt Andi, ohne zu sagen, welche er meint. Stattdessen fragt er mich, ob ich vorne sitzen will.

„Klar", sage ich.

Die anderen maulen zwar, aber es bleibt ihnen nichts anderes übrig, als sich auf die Rückbank zu zwängen. Es scheint ein Privileg zu sein, vorne sitzen zu dürfen. Das lasse ich mir doch nicht entgehen. Stolz mache ich mich auf dem Beifahrersitz breit, während Andi den Wagen startet, den Blinker betätigt und aus der Parklücke fährt.

Ich weiß nicht, warum, aber aus irgendeinem Grund drehe ich mich nach hinten um und sehe plötzlich in ungefähr hundert Meter Entfernung zwei Scheinwerfer aufleuchten, die uns in gleichbleibendem Abstand folgen. Erschrocken drehe ich mich wieder nach vorne.

„Was'n los?", lacht Andi. „Fahre ich dir etwa zu schnell?"

„Nee", murmle ich unbestimmt.

Ich bin doch nicht ganz dicht! Das ist der pure Verfolgungswahn! Niemand ist hinter uns her. Entspann dich, ermahne ich mich selbst. Doch seit ich bei der Sozi-Zecke gewesen bin, kann ich mich nicht mehr richtig entspannen. Der hat mir einen üblen Schreck eingejagt mit seiner Behauptung, dass wir beobachtet werden. Seitdem sehe ich überall Zivilbullen und fühle mich überhaupt nicht mehr locker.

Andi biegt in die Hauptstraße ein. Ich werfe einen schnellen Blick über die Schulter – der andere Wagen folgt uns immer noch.

„Was ist denn los mit dir? Hast du nervöse Zuckungen?"

Ich sehe Andi an und schüttle stumm den Kopf. Ich kann nichts sagen. Was auch? Ich wüsste nicht, wie ich den anderen meinen Verdacht erklären könnte. Die haben nämlich keine Ahnung, dass ich bei diesem Täter-Opfer-Ausgleichskram war. Mann, das fehlt gerade noch! Ich, in einem Zecken-Laden, um mir von einer Zecke helfen zu lassen – Andi würde durchdrehen, wenn er das wüsste. Der würde mich mit einem Kick vom Beifahrersitz treten. Während der Fahrt! Ich weiß doch, was der von den Sozialarbeitern hält.

Dabei ist der Tom eigentlich ganz in Ordnung gewesen. Ich glaube zwar immer noch, dass er ein Linker ist, aber er hat sich trotzdem ziemlich korrekt verhalten. Er hat verstanden, dass ich das Arschloch im Hauptbahnhof einfach ausknocken musste, so wie der mich provoziert hat.

Na gut, wenn ich ehrlich bin, hat Tom das vielleicht irgendwie verstanden, aber er fand meine Reaktion überhaupt nicht gut. Ich konnte ihm das auch nicht erklären, obwohl ich es immer wieder versucht habe. Zwei Stunden habe ich bei ihm im Büro gehockt! Zum Schluss hat er mir noch Fotos von diesem Arschloch gezeigt. Für einen Augenblick war ich echt geschockt. Mann, der hat richtig scheiße ausgesehen! Ich hab gar nicht gewusst, dass ich so hart zuschlagen kann.

Trotzdem, der Typ hat es verdient, dass ich ihm eine verpasst hab. Allein schon dafür, dass er vor seiner Freundin so dämlich rumgeprotzt hat. Und dafür, dass er mir das Bier über meine Jacke gekippt hat, erst recht! Na gut, ich hätte ihn nicht gleich krankenhausreif prügeln müssen. Das wollte ich ja auch gar nicht. Das habe ich auch dem Tom gesagt. Aber der meinte, wer zuschlägt, muss wissen, was er damit bewirkt. Das ist doch Sozi-Psychokacke! Als ob man Zeit zum Nachdenken hat, wenn man sich gerade mit jemandem zofft. Das hab ich dem Tom auch gesagt. Der hat mich nur angesehen, lange, und hat dann gefragt: „Und hinterher?“

Scheiß Frage. Sie hängt seitdem wie ein böser Voodoo-Zauber in meinem Schädel. Ob ich will oder nicht, ich muss ständig darüber nachdenken, ob ich in so einer Situation wirklich noch mal zuhauen würde. Ich hab mir das ein paarmal versucht vorzustellen. Jedes Mal tauchten die Bilder vor mir auf, von diesem Typen mit seiner schiefen Schnauze. Und jetzt soll ich den auch noch treffen! Ich geb's ja nicht gern zu, aber ich hab richtig Schiss, dem gegenüberzutreten. Ich würde lieber allein zehn von den Kölnern gegenüberstehen, als mich mit dem an einen Tisch zu setzen. Was soll ich ihm denn sagen? Dass es mir leidtut? Ja, verdammt, es tut mir leid. Aber das glaubt der mir doch sowieso nicht.

Mann, wenn das die anderen wüssten, worüber ich mir Gedanken mache. Die würden mich sofort achtkantig wieder aus der Truppe rausschmeißen. Dabei habe ich so lange gebraucht, um endlich dazuzugehören. Nein, keine Chance, ich kann den anderen nichts sagen. Energisch schüttle ich den Kopf, um die trüben Gedanken zu vertreiben.

„Mann, jetzt hör endlich mit dem blöden Rumgezucke auf, du Spasti!“, grölt Andi neben mir.

Ich starre ihn an. Stumm.

Er lenkt den Wagen mit der linken Hand durch die Straßen. Die rechte benutzt er, um mir auf den Oberschenkel zu boxen.

„Mann, Alter, zieh nicht so eine Fresse!“ Andi lacht. „Es ist Partytime! Also, mach ein fröhliches Gesicht!“

Geht klar, denke ich und greife mir die Flasche Korn, die vor mir im Handschuhfach hin- und herrollt.

„He, ich hab schon mal gesagt, du sollst nicht alles allein saufen!", lallt Mick von hinten.

Ich drehe mich um, um ihm die Flasche zu geben. Die Scheinwerfer hinter uns sind verschwunden.

Eine Viertelstunde später parken wir in einer der kleinen Nebenstraßen der Reeperbahn und entern unsere Stammkneipe. Der Laden ist gerammelt voll. Die Luft ist zum Schneiden und die Musik dröhnt in der Lautstärke eines startenden Düsenjets in meinen Ohren. Die meisten Typen hier kenne ich nur vom Sehen, aus dem Stadion oder von den wenigen Treffen, bei denen ich bisher war.

Aber ich scheine so etwas wie der Ehrengast zu sein. Anscheinend hat jeder von der Geschichte mit dem Türkencafé gehört. Trotzdem muss ich sie immer wieder erzählen und bekomme dafür alle Augenblicke einen neuen Drink in die Hand gedrückt. Bier, Korn, Whiskey, Weinbrand – alles durcheinander.

Nach einer Stunde bin ich mindestens so breit wie Mick. Außerdem tut meine Schulter weh, so oft wurde mir inzwischen draufgehauen. Zum Glück lässt das Interesse der anderen aber allmählich nach.

Mann, ist mir schlecht! Ich renne zum Klo und lasse mir sämtliche Getränke des Abends noch einmal durch den Kopf gehen. Danach geht es mir jedoch nicht viel besser. Um mich herum dreht sich alles, doch wenigstens herrscht im Magen jetzt etwas Ruhe.

Ich lasse mich auf das Klo sinken. Geiler Abend, versuche ich zu denken. Aber warum fühle ich mich dann nicht so? Irgendwas ist anders als sonst. Außerdem bin ich müde. Meine Beine gehorchen mir auch nicht. Ach, was soll's, bleib ich halt auf dem Klo sitzen.

Irgendwann hämmert jemand gegen die Tür. Ich schrecke hoch. Verdammt, bin ich etwa eingepennt?

„He, komm endlich raus, andere müssen auch mal kacken!", schreit eine Stimme.

Ich stemme mich hoch, öffne die Tür und starre den Typ an. „Ich war nicht kacken, sondern kotzen", sage ich und wundere mich, dass die Worte wieder einigermaßen unfallfrei über meine Lippen kommen.

„Geile Antwort", grinst der Typ. „Muss ich mir merken."

Ich gehe zurück in die Kneipe und bestelle am Tresen einen Kaffee. Schwarz und stark. Das Gebräu kommt nach wenigen Sekunden und schmeckt widerlich. Aber es macht den Kopf klar. Ich sehe mich nach René und den anderen um. Ich entdecke sie am Kickertisch, wo sie sich ein lautstark kommentiertes Match liefern.

Ein paar Meter daneben steht ein Mann, der irgendwie nicht in diese Kneipe passt. Verdammt, das ist doch eindeutig ein Zivilbulle! Wieso sieht das niemand außer mir? Der Typ ist hier, um uns auszuspionieren, das ist doch sonnenklar. Ich muss die anderen warnen. Aber wie, ohne mich zu verraten? Oh Mann, die Sache stinkt mir gewaltig. Ich bin schlagartig nüchtern, und das liegt nicht an dem furchtbaren Kaffee. Mir wird klar, dass ich nichts tun kann, absolut nichts.

Ich suche meine Jacke und verlasse unbemerkt die Kneipe. In der Hosentasche knistern die 70 Euro von meiner Mutter. Den ganzen Abend habe ich umsonst gesoffen. Da kann ich mir jetzt locker ein Taxi leisten. Auf den Nachtbus habe ich echt keinen Bock mehr.

15. Kapitel (André)

Noch drei Stufen, noch zwei, noch eine … endlich! Vor mir liegt der grüne Rasen. Die letzten Schritte in unseren Block hinauf bin ich gerannt. Erst langsam kommen die anderen hinterher. Ich lasse den Blick durch das Stadion wandern; über die moderne Haupttribüne mit den Logen und den Plastiksesseln bis hin zu unserem Fanblock. Die meisten Gesichter kenne ich, weil ich sie bei jedem Spiel wiedersehe. Ich weiß genau, wo welche Fahne weht und wo es am lautesten wird. Das hier ist mein zweites Zuhause!

Wolle hat mich als Erster eingeholt. Er legt mir einen Arm um die Schulter. „Na, Alter, hast sie ganz schön vermisst, unsere Kathedrale, was?“

Es ist überflüssig, ihm zu antworten. Aber Kathedrale stimmt. Hier habe ich weitaus öfter gebetet als bei meinen wenigen Besuchen in einer Kirche. Allerdings sind dafür auf meinen Wunsch schon einige Schiedsrichter, gegnerische Spieler oder Trainer zur Hölle gefahren. Was ja nicht unbedingt im Sinne eines Gotteshauses ist.

Arm in Arm stehen Wolle und ich schweigend nebeneinander und betrachten die Menge unter uns.

„Jetzt werdet mal bloß nicht sentimental“, ruft jemand hinter uns. „Wer holt Bier?“

Typisch Timo. Immer mit dem Sinn fürs Praktische.

„Lass mich das mal machen“, meldet sich Wolle und verschwindet sofort im Gewühl.

Ich drehe mich zu Mirko um, der in ein Gespräch mit Sanne vertieft ist. „He, Kassenwart, ich will meinen Tipp abgeben. Wie viel gibt’s denn zu gewinnen?“

„20 Euro sind im Jackpot, plus die Einsätze von heute. Also, was sagst du?“ Auffordernd blickt er mich an.

Ich horche in mich hinein. Vor meinem geistigen Auge vermeldet die Anzeigetafel ein klares 3:0. Aber ich misstraue meiner ersten Eingebung. „Ein 3:2 wird's, schließlich spielt Maric nicht. Da wird die Abwehr wackeln“, kommentiere ich mit einem Seitenblick auf Sanne.

Grinsend nimmt sie die Herausforderung an. „Okay, dann sage ich ein glattes 3:0 voraus. Mit Hansi Krause in einer Betonabwehr und drei Toren von unserem neuen Wunderstürmer Peppig!“, verkündet sie vollmundig.

Ich lache spöttisch, winke ab und drücke Mirko meinen Einsatz in die Hand. Damit beginnt die immer gleich ablaufende Zeremonie der letzten Dreiviertelstunde vor dem Anpfiff: Beim Bier werden die letzten Prognosen und Kommentare zum Spiel abgegeben, ein Blick ins Stadionmagazin geworfen und die Mannschaft begrüßt, die zum Warmmachen das Feld betritt. Anhand der kurzen Hosen können wir ablesen, wer voraussichtlich spielt und wer nicht. Heute gibt es keine Überraschungen. Es wird wohl exakt die Mannschaft sein, auf die wir uns vorher festgelegt hatten.

Langsam füllt sich das Rund. Im Fanblock drängen sich die meisten Menschen. Vor uns stehen wie immer die beiden Zwillinge, die sich bloß anhand ihrer Schals unterscheiden lassen.

Leute vom Fanklub „Alte Hasen“ verteilen Konfetti in den Vereinsfarben und endlich erklingt die erste Fanfare von „Trompeten-Toni“ – ein untrügliches Zeichen dafür, dass das Spiel gleich beginnen wird. Die Kurve bringt sich in Stimmung. Toni stimmt ein paar Töne an und alle folgen den bekannten Melodien. Unserem rhythmischen Klatschen schließen sich sogar die Sitzplatzbesucher an. Der Stadionsprecher verkündet die Aufstellungen. Er gibt nur die Vornamen unserer Spieler vor, wir schreien die Nachnamen hinaus. Unter einem bunten Konfettiregen laufen die Mannschaften ein. Anstoß.

Es entwickelt sich ein zähes Spiel gegen den Tabellendreizehnten. Wie üblich fängt Wolle als Erster an zu fluchen, während Mirko ganz konzentriert dem Geschehen auf dem Platz folgt. Bei jeder Unsicherheit von Krause necke ich Sanne, doch es bieten sich nicht viele Gelegenheiten. Unser Team steht hinten sicher, dafür läuft vor dem gegnerischen Tor fast überhaupt nichts. Zur Halbzeit steht es 0:0.

„André, hast du angerufen?“, fragt Sanne plötzlich ohne Vorwarnung und sieht mich ernst an.

Ich weiß sofort, worauf sie anspielt. „Gestern Nachmittag. Der Termin ist nächste Woche. Dann will mir dieser Opferbetreuer noch mal alles ganz genau erklären.“

Sie nimmt mich in den Arm und küsst mich. „Klasse, dass du hingehst.“

„Schluss da mit Knutschen!“, unterbricht uns Timo, nur um mir vorzuwerfen, dass ich als Glücksbringer nicht viel tauge. „Ist doch wahr! Kaum bist du wieder im Stadion, spielen die Jungs unterirdisch.“

Der Trainer wechselt trotzdem nicht, und die zweite Hälfte fängt so an, wie die erste aufgehört hat. Zwar startet der FC in den ersten Minuten eine Angriffswelle, doch die verebbt schnell ohne zählbaren Erfolg. Mirko ist wieder in seinen tranceartigen Zustand zurückgefallen, aus dem er erst nach dem Schlusspfiff erwachen wird, und Sanne wird von Minute zu Minute lauter. Verzweifelt versuchen wir unserer Mannschaft Dampf zu machen. „Trompeten-Toni" gibt wirklich alles und die ganze Kurve schreit inbrünstig das obligatorische „Kämpfen, FC, kämpfen!". Dann macht sich Resignation breit. Nur noch zehn Minuten zu spielen – und keiner glaubt mehr so recht daran, dass ein Tor für unser Team fallen könnte. Nicht nur Sanne flucht laut vor sich hin. Viele machen ihrer Verärgerung Luft und beschimpfen die Spieler.

Einige pöbeln besonders schlimm. Das können keine Fans sein. Jeden unserer Spieler bedenken die Schreihälse mit Hohn und Spott und schütten kübelweise Dreck über sie aus. Ich recke den Hals, um zu sehen, wer da brüllt, und sehe ein paar schwarze Bomberjacken und kahl geschorene Schädel.

Das ist doch nicht …? Erschrocken zucke ich zurück und drehe mich zu Sanne um. Doch die ist mit dem Spiel beschäftigt und bemerkt meine Blicke nicht.

Vorsichtig sehe ich noch einmal zu den Glatzen hinüber. Tatsächlich, diesmal habe ich mich nicht getäuscht. Keine zehn Meter von mir entfernt steht die Drecksau, die mich zusammengeschlagen hat – inmitten seiner Freunde. Mein Herz fängt an zu rasen, mir wird flau im Magen. Wie benommen bleibt mein Blick an ihm kleben. Mit verzerrtem Gesicht brüllt er in Richtung Spielfeld. Aus dem Becher in seiner Hand schwappt Bier.

Plötzlich weicht meine Unsicherheit einem bisher unbekannten Gefühl der Überlegenheit. Ich betrachte den Typen wie ein Tier im Zoo. Doch uns trennt kein Käfiggitter. Ich könnte einfach zu ihm hinübergehen, ihm auf die Schulter tippen und zuschlagen.

„He, André, da unten spielt die Musik“, unterbricht Wolle meine Gedanken und folgt meinem Blick. „Was glotzt du die Typen so an?“

Ich suche nach Worten, aber Wolle hat plötzlich eine Art Erleuchtung. „Sag bloß nicht, das da ist …“

Ich nicke, und er ruft sofort den anderen zu: „Leute, wisst ihr, wer im Stadion ist? – Der Drecksack, der Andrés Kiefer auf dem Gewissen hat!“

Sie brauchen ein paar Augenblicke, um die Nachricht zu verarbeiten.

Timo reagiert als Erster. „Zeig mir die Sau, die mach ich fertig!“ Er schiebt sich an meine Seite und folgt meinem ausgestreckten Arm, mit dem ich genau auf den Hooligan deute.

„He, du Glatzenarsch!“, schreit Timo. Sein Ruf verhallt ohne Reaktion.

„Bist du taub, oder was?!“, mischt Wolle sich ein. „Dreh dich gefälligst um und schau uns an, wenn wir mit dir sprechen.“

Plötzlich hat Timo ein 20-Cent-Stück in der Hand. Er wirft und trifft den Hool an der Schulter. Überrascht blickt der sich um.

„Na also, geht doch“, höhnt Timo. „He, willst du Fratzengeballer?“, ruft er rüber und schlägt seine rechte Faust in die offene linke Hand.

Ich sehe, wie die Glatze einen seiner Kumpels mit dem Ellenbogen anstößt, ohne seinen Blick von uns abzuwenden. Timo und Wolle drohen mit ihren geballten Fäusten.

„Los, André, heute bist du nicht allein“, meint Timo. „Sag dem Arschloch deine Meinung.“

„Du Wichser“, rufe ich noch etwas zögerlich.

„Lauter“, sagt Timo, „und nicht zu mir, sondern zu dem Typen da drüben.“

„Du Wichser!“, wiederhole ich lauter und merke, wie das Blut hinter meinen Schläfen rauscht. „Alter Wichser! Du Sackgesicht, hirnverbranntes Arschloch!“

In meiner Kehle kratzt es, so laut habe ich lange nicht mehr geschrien. Sanne starrt mich erschrocken an, aber es tut so gut, den Typen anzubrüllen. Außerdem fühle ich mich mit Timo, Wolle und den anderen in der Nähe sicher.

Plötzlich erhebt sich ohrenbetäubender Lärm. Jemand springt mir in den Rücken, ich werde ein paar Stufen nach unten geschleudert. Überall ist Bewegung.

Keine Frage: Das ist Torjubel! Im Fallen sehe ich eine Spielertraube, die sich im Strafraum vor unserer Kurve wälzt. Irgendwie finde ich an einem Geländer Halt. Bier und Konfetti kleben in meinen Haaren.

Mirko taucht vor mir auf. „Peppig, der abgezockte Kerl! Haut das Ding aus 30 Metern einfach rein! Cool!“, schreit er mir ins Gesicht.

Wir klatschen uns ab. Die ganze Kurve singt, wir stimmen in den Chor ein: „Oléee, olé, olé, olé, super FC, olé-oléee …!“

Langsam beruhigen sich die Fans wieder. Ich gehe zurück auf meinen alten Platz und suche die Ränge nach den Glatzen ab. Doch die sind wie vom Erdboden verschluckt. Zumindest kann ich sie nirgendwo mehr ausmachen. Gut so.

Ich bahne mir einen Weg zu Sanne und will sie in den Arm nehmen, um ihr einen Torkuss zu geben. Doch sie zuckt zurück.

„Ich hatte Angst vor dir", sagt sie in einem so ernsten Ton, dass die Euphorie in mir schlagartig verschwindet.

„Angst? Vor mir?!"

Sanne nickt. „Du hättest dich eben mal sehen sollen, wie du gebrüllt hast. So habe ich dich noch nie gesehen."

Erschrocken und nachdenklich nehme ich nur am Rande wahr, wie nach und nach die anderen um uns herum wieder auftauchen. Mirko ist total happy, weil er 1:0 getippt hat. Aber ich kann seine Freude nicht teilen.

Sanne hatte Angst vor mir! Ich merke noch den rauen Hals, erinnere mich an meine geballten Fäuste und an die Hitze im Kopf. Da war plötzlich nur noch diese Glatze und alles drum herum war wie ausgeblendet. Nicht mal das Tor habe ich gesehen. Das ist mir wirklich noch nie passiert.

Schlusspfiff.

Mein Jubel ist verhalten. Der erste Sieg im ersten Spiel nach dem Kieferbruch und meine Gedanken sind trotzdem woanders.

Angst vor mir.

Hatte ich die Kontrolle über mich verloren? Was wäre passiert, wenn das Tor nicht gefallen wäre?

Unten zelebrieren die Spieler die übliche Jubelarie: Welle, Diver, das volle Programm. Doch meine Stimmung ist im Keller. Sanne legt den Arm um mich. Ohne ein Wort zu sagen, und das ist gut so.

Ich bin froh, als Mirko das Zeichen zum Aufbruch gibt und wir endlich auf dem Weg zu unserem Stammimbiss sind. Verunsichert blicke ich mich immer wieder nach den Glatzen um, doch die lassen sich nicht mehr blicken. Zum Glück!

16. Kapitel (Lukas)

„He, Alter, wo bist du denn gestern plötzlich geblieben?“, begrüßt mich René am nächsten Tag an unserem Stammplatz an der S-Bahn-Station am Stadion. „Wir haben die ganze Kneipe nach dir abgesucht!“

Mann, bin ich froh, als er wohlbehalten aus der S-Bahn steigt. Ich habe mir echt Sorgen gemacht, die ganze Nacht lang. Beziehungsweise, in der kurzen Zeit, die davon übrig geblieben ist. Dieser Mann in der Kneipe ist mir nicht mehr aus dem Sinn gegangen. Wenn das wirklich ein Bulle in Zivil gewesen wäre … Aber anscheinend habe ich mir ja umsonst Gedanken gemacht.

„Mir war schlecht“, antworte ich. „Ich bin irgendwann ab nach Hause.“

„Kein Wunder, du hast gesoffen wie ein Loch!“, grinst René. „War aber ein geiler Abend, oder? Ach, das Beste hast du ja gar nicht mitbekommen!“

Er legt eine kurze Pause ein, um mich neugierig zu machen, was auch hundertprozentig klappt.

„Mitten in der Nacht ist noch eine ganze Horde Mädchen in der Kneipe aufgetaucht“, fährt er fort. „Die standen plötzlich einfach da. Ich glaub, das waren Däninnen oder so, zumindest kamen sie aus der Jugendherberge. Mann, die waren vielleicht locker drauf! Da haste echt was verpasst. Andi hat sogar gleich zwei von denen abgeschleppt.“

„Andi?“, frage ich überrascht nach. „Ich denke, der hat ’ne Allergie gegen Ausländer?“

„Ach, Alter, vergiss es. Ich begreife den manchmal auch nicht. Der immer mit seiner Politik“, stöhnt René.

„Gestern hat er wegen der Mädels irgendwas von nordischer Rasse gefaselt. Der ist ja mittlerweile völlig abgedreht. Aber das ist erst so, seit er ständig mit Atze zusammen rumhängt." René winkt ab. „Ach, was soll's. Ich mach einfach die Ohren dicht, wenn der anfängt zu labern. Solltest du auch machen, ist besser so."

Ich zucke nur nichtssagend mit den Schultern. In der Schule wollen sie uns immer genau das Gegenteil erzählen: Dass man aufmerksam sein muss und sich einmischen soll. Wahrscheinlich hat René recht. Die Ohren und die eigene Klappe dichtmachen, das ist am einfachsten.

Mir soll's egal sein. Ich hab im Moment sowieso andere Sorgen. Ständig schwirrt mir das bevorstehende Treffen mit dem Typen im Kopf herum. Vielleicht wäre es besser gewesen, dem nicht zuzustimmen?

Ich würde so gern mal mit jemandem darüber reden. Aber mit wem? René oder einen der anderen kann ich gleich vergessen. Die würden mich sofort für verrückt erklären, schon weil ich überhaupt dort hingegangen bin. Mann, dabei würde ich echt gern mal wissen, wie die damit klarkommen, wenn sie einen umgepustet haben. Ob denen das wirklich nichts ausmacht? Ich kann mir das eigentlich nicht vorstellen.

Mit meinen Eltern kann ich auch nicht reden. Der Alte ist sowieso fast nie da, und wenn doch, will er seine Ruhe und sein Bier. Der kriegt doch schon seit Jahren nicht mehr mit, was zu Hause läuft. Außerdem hab ich keinen Bock mehr, mit ihm zu reden. Wie das ausgeht, hab ich ja neulich erst erlebt.

Und Mama? Ach, Mama …

„He, Alter, was ist denn los mit dir?“, fragt René. „Du bist schon seit Tagen so komisch. Stimmt was nicht?“

Ich sehe ihn prüfend an. Vielleicht kann ich ja doch mit ihm quatschen, nicht direkt, so mehr auf Umwegen.

„Sag mal“, fange ich vorsichtig an, „was machst du eigentlich nach einer Schlacht, wie neulich mit den Kölnern?“

René sieht mich fragend an und zuckt mit den Schultern. „Was soll ich groß machen? Ich geh mit den anderen einen saufen, was sonst? Na ja, oder ins Krankenhaus!“, grölt er.

„Das meine ich nicht. Was machst du, wenn du einen ausgeknockt hast? Denkst du hinterher noch darüber nach?“

René sieht mich erst eine Weile ganz irritiert an. Doch schließlich scheint er zu begreifen. „Du hast Post vom Gericht bekommen, stimmt's?“, vermutet er. „Der Typ damals im Hauptbahnhof, der hat dich doch angezeigt.“

Ich nicke. René kommt näher und legt seinen Arm um meine Schulter. Sein Atem haut mich fast um!

„Mach dir keine Sorgen, Lolly. Wenn es zur Verhandlung kommt, werden wir alle für dich aussagen. Das ist doch Ehrensache.“

Verdammt! Hätte er das nicht mal eher sagen können?! Jetzt ist es zu spät, ich hab doch bereits alles zugegeben. Aber darum geht es mir im Moment eigentlich gar nicht. Ich würde viel lieber wissen …

„Wenn du willst, können wir das Arschloch mal besuchen gehen“, schlägt René vor. „Andi und Atze wissen genau, wie man mit solchen Typen umspringt.“

„Nein!“, rufe ich erschrocken.

„Schon gut, war 'ne blöde Idee“, gibt René zu. „Die Bullen würden wahrscheinlich sofort vermuten, dass du dahintersteckst.“

„Genau“, sage ich erleichtert und starte einen letzten Versuch. „Was ich meinte, war eigentlich, ob du dir hinterher Gedanken über den Typen machst, den du zusammengeschlagen hast. Wie es dem geht, ob er schwer verletzt ist und so.“

„Ach so.“ René nimmt seinen Arm wieder von meiner Schulter. „Das war das erste Mal, dass du einen auf die Bretter geschickt hast, was?“

„Nein“, widerspreche ich empört.

Doch René reagiert nicht darauf. „Bei einer Schlacht geht es doch nur darum, wer gewinnt – der andere oder du“, erklärt er. „Wenn du erst anfängst zu denken, kannst du dich gleich freiwillig in den Matsch legen, dann hast du keine Chance mehr. – Du denkst zu viel, Lolly, eindeutig.“

Ich gebe auf. Zum Glück fährt in diesem Moment die nächste S-Bahn in den Bahnhof. Andi, Mick, Bobby und die anderen steigen aus. Sie sehen alle ziemlich mitgenommen aus.

Wir ziehen los, drängeln uns durch die Sperre an den Kontrolleuren vorbei und marschieren Richtung Stadion. Unterwegs sagt kaum einer einen Ton. Das ändert sich erst, als wir eine Bierpause einlegen. Die ersten Schlucke schmecken widerlich. Aber das Zeug hilft. Zumindest verschwindet der Brummschädel und allmählich wird die Stimmung gut.

Vor dem Stadion ist heute alles ruhig, genau wie auf den Rängen. Selbst auf dem Spielfeld ist tote Hose. Der

FC liefert einen grauenhaften Kick ab. Die Abwehr ist zwar okay, aber nach vorne läuft nichts. Zur Halbzeit steht es immer noch 0:0. Dabei hatte ich mich auf ein gutes Spiel gefreut, das mich zumindest für ein paar Stunden von den ewigen Gedanken ablenkt.

Die zweite Halbzeit beginnt und sie ist noch schlechter als die erste. Zwar versucht der FC anzugreifen, doch schon nach wenigen Minuten ebbt die Angriffswelle ab und die Mannschaft spielt wieder Schlafwagenfußball.

„Ihr Arschlöcher!“, schreie ich auf den Platz. „Ich hab Eintritt bezahlt, also tut was für euer Geld!“

Die anderen fallen sofort ein: „Drecksbande!“ – „Verwöhnte Millionäre!“ – „Ihr Weicheier, kämpft endlich!“ Lauthals schreien alle durcheinander. Die Stimmung im Stadion kippt. Die Fans fangen an zu pfeifen.

Ich werde immer wütender. Die Typen da unten auf dem Rasen sind doch alle Betrüger! Ich will die kämpfen sehen, die sollen fighten bis zum Umfallen. Aber das sind Weicheier! Die tun nichts und spulen ihr Programm im Schongang ab, und ich muss bald mit dem Arschloch reden. Ich hab keine Ahnung, wie ich plötzlich darauf komme. Wahrscheinlich, weil ich schon seit Tagen an nichts anderes mehr denken kann. Mann, wenn ich das bloß schon hinter mir hätte! Ein paar Monate Knast wären mir echt lieber. Glaub ich. Ich war ja noch nie in einem Gefängnis. Aber so schlimm kann es dort auch nicht sein. Das Blöde ist nur, dass ich dann eine Vorstrafe hätte. Und wer stellt heute schon jemanden ein, der vorbestraft ist, bei so vielen Arbeitslosen?

Nein, es ist schon besser, wenn ich mich mit dem Arschloch treffe. Immerhin werden wir nicht allein sein.

Tom ist dabei, und sein Kollege ebenfalls. Der ist Opferbetreuer, so wie Tom für mich zuständig ist. Ich finde das nicht fair, dass das von vornherein eindeutig festgelegt ist. Er ist das Opfer, ich bin der Täter. Schluss und aus. Bei einer Gerichtsverhandlung hätte ich wenigstens noch die Möglichkeit, freigesprochen zu werden. Aber bei dem Gespräch ist schon vorher alles klar. Ich bin der Arsch, eindeutig.

Dabei würde ich dem Typen auch gern meine Meinung geigen. Der soll sich auch mal Gedanken darüber machen, wie das bei anderen ankommt, wenn er so rumprotzt. Ist doch kein Wunder, dass er was in die Fresse kriegt, wenn er so mit seiner Kohle prahlt. Mann, andere haben es nicht so dick. Das sollte der sich mal merken.

Und jetzt soll ich dem auch noch Schmerzensgeld zahlen! Na gut, geh ich halt doch am Nachmittag jobben. Vielleicht muss ich ja nicht alles abgeben, was ich verdiene, dann könnte ich gleich noch was für den Führerschein sparen. Aber dass ich mit dem reden muss … Verdammt, das macht mir echt zu schaffen! Was soll ich dem bloß sagen? Tut mir leid, aber du hast mich genervt, also musste ich dir eine reinledern?

Cool bleiben, Lukas, ermahne ich mich selbst. Mann, wenn der FC wenigstens besser spielen würde.

Plötzlich spüre ich Renés Ellenbogen in meinem Magen.

„He, Alter, was soll das?“, pöble ich ihn an.

René deutet mit dem Kopf zur Seite. „Kennst du die?“, fragt er grimmig.

Ich schaue in die Richtung, in die er gezeigt hat – und zucke erschrocken zusammen. Keine zehn Meter von uns entfernt steht das Arschloch mit seinen Freunden. „Du Wichser!“, höre ich ihn schreien. Verdammt, was soll das?! Sucht der Zoff, oder was?

„Sag mal, ist das nicht der Typ vom Hauptbahnhof?“, fragt René.

Ich nicke. „Glaub schon.“

„Okay, dem verpassen wir eine Abreibung“, beschließt René.

Doch bevor er dazu kommt, die anderen zu informieren, erhebt sich plötzlich ein ohrenbetäubender Lärm. Die dichtgedrängte Menschenmasse gerät in Bewegung, die Leute strahlen!

Keine Frage, das ist Torjubel!

Von einer Sekunde auf die andere herrscht ausgelassene Fröhlichkeit im Stadion. Die Fans, die vorher die Spieler gnadenlos ausgepfiffen haben, fangen an zu singen und vor Freude zu toben.

Wir drängen nach vorne, werden zur Seite abgetrieben, hängen schließlich im Zaun. Bobby berichtet, wie das Tor gefallen ist. Peppig, der abgewichste Hund, hat einfach mal draufgehalten. Aus 30 Metern, schätzt Bobby. Geile Sache!

„Peppig!“, schreie ich und strecke meinen Arm mit der geballten Faust durch den Zaun.

Irgendwann drehe ich mich wieder um. Das Arschloch kann ich nirgendwo entdecken. Aber das ist im Moment auch ganz gut so. Jetzt zählt nur noch der Fußball. Ich zittere mit dem FC und drücke die Daumen. Als der Schlusspfiff ertönt, reiße ich erleichtert die Arme hoch, genau wie die Spieler. Sie ziehen ihre Show ab, mit allem Drum und Dran, Diver, Welle und so, und lassen sich feiern. Wen stört es noch, dass sie so beschissen gespielt haben? Was zählt, ist nur der Sieg. Jetzt ist sogar die Champions League noch möglich. Mann, das wär was!

René hat den gleichen Gedanken. „Stell dir mal vor, Alter, in der nächsten Saison spielen wir gegen Barcelona, gegen ManU oder gegen Inter Mailand!“, schreit er begeistert.

„Ja, oder gegen Sturm Graz“, lästert Andi höhnisch.

Aber wir lassen uns von ihm nicht stören. Andi hat einfach keine Ahnung von Fußball. Ich fände es sogar geil, gegen die Österreicher zu spielen. Hauptsache, wir können internationalen Fußball sehen.

Fröhlich singend schieben wir uns zwischen den Fans hindurch, die immer noch dicht gedrängt auf den Rängen stehen und die Spieler bejubeln. Wir steuern auf den letzten Ausgang zu, ganz hinten in der Ecke, gleich neben der Haupttribüne. Von dem Arschloch ist zum Glück nichts mehr zu sehen. Gut so. Heute wird gefeiert. Üble Gedanken mache ich mir erst morgen wieder.

17. Kapitel (André)

„Ich bau schon mal die Kugeln auf!", rufe ich Timo hinterher, der erst einmal auf dem Klo verschwindet, und steige die Stufen zum Fanprojekt hinauf. Es hat seine Räume gleich am Stadion, direkt zwischen der Nordkurve und der Westtribüne. Das Treppenhaus ist übersät mit Postern und Fotos aktueller und ehemaliger Spieler. Einen Augenblick verweile ich andächtig vor dem Bild von Rudolf Haubich, einem der besten Fußballer, die unser Verein je hervorgebracht hat.

Im Fanprojekt ist noch nichts los. Noch nicht einmal der Müll von gestern Abend ist weggeräumt. Auf dem Tresen stehen haufenweise leere Bierflaschen und auf dem Sofa in der Ecke hat jemand einen Aschenbecher ausgekippt. Ich sammle die Kugeln ein, baue sie auf, suche zwei einigermaßen vernünftige Queues aus und setze mich auf den Billardtisch. Dabei fällt mein Blick in den Nebenraum, wo Björn mit zwei anderen Jungs sitzt, die ich nicht kenne. Björn treffe ich immer, wenn ich hier bin. Er gehört quasi zum Inventar. Ein echter Profi-Fan – er hat noch kein Auswärtsspiel ausgelassen und sieht sich sogar regelmäßig das Training an.

„Hi, Björn, alles klar?", begrüße ich ihn.

„Na logisch. Und bei dir? Hab gehört, du warst außer Gefecht gesetzt?"

„Ja, so'n bescheuerter Hool hat mir eins mitgegeben. Na ja, reden wir nicht mehr drüber. Die Sache ist ausgestanden. Fährst du nach München?", lenke ich vom Thema ab, weil ich keine Lust habe, ihm die ganze Geschichte zu erzählen. Ständig spricht mich jemand darauf an.

Dabei bin ich froh, wenn ich mal auf andere Gedanken komme.

„Klar, was denkst denn du", antwortet Björn sofort. „Jetzt erst recht, wo wir sogar noch die Champions League schaffen können."

Wir reden kurz über die Chancen unseres Teams und träumen von Gegnern wie Manchester United oder Barcelona.

„Wo ist denn Holger?", frage ich, als eine Pause entsteht.

„Der ist in seinem Büro. Hat irgendeine wichtige Besprechung."

Endlich kommt Timo vom Klo zurück. „Hast du schon aufgebaut?", ruft er und nickt den anderen zu.

„Logisch", antwortete ich und rutsche vom Billardtisch.

Ich stoße an. Die Kugeln verteilen sich in der hinteren Hälfte des Tisches. Leider findet keine einzige den Weg in ein Loch. Timo ist an der Reihe.

„Schon von der Hauerei in Bielefeld in der Zeitung gelesen? Da muss es richtig hoch hergegangen sein", berichtet er, während er die rote Kugel kurz vor dem Loch ins Visier nimmt.

Ich zucke mit den Achseln. „Interessiert mich nicht. Das Ergebnis von dem Spiel ist doch viel wichtiger!"

Timo locht ein. „Wenn da zwölf Leute verletzt am Boden liegen bleiben, müssen die richtig heftig zugeschlagen haben", erzählt er weiter.

„Na und? Sollen sie doch, wenn's ihnen Spaß macht."

Timo unterbricht sein Spiel und schaut mich an. „Du hättest dem Typen im Stadion doch auch eine mitgegeben, wenn du die Gelegenheit gehabt hättest, oder?"

„Was hat denn das eine mit dem anderen zu tun?", frage ich überrascht.

„Na ja", sagt Timo gedehnt. „Gegen seine Gegner muss man doch zusammenhalten, oder?"

Ich habe keine Ahnung, worauf Timo hinauswill. „Das ist doch etwas völlig anderes. Ich meine, der Typ hat mich angegriffen. Aber …"

„Also, ich hätte nichts dagegen gehabt, dem 'ne ordentliche Lektion zu erteilen", unterbricht mich Timo.

„Aber das wäre doch meine Sache gewesen, nicht deine", sage ich verwirrt. „Wieso willst du dich für mich prügeln?"

„Ich sag doch: Freunde müssen zusammenhalten", wiederholt Timo und wendet sich wieder dem Spiel zu.

„Pause", stammle ich und verschwinde um die Ecke aufs Klo.

Merkwürdig, denke ich unterwegs. Mir gefällt überhaupt nicht, dass Timo unbedingt mit dem Typen abrechnen will. So kenne ich ihn gar nicht. Klar habe ich mir gewünscht, dem Hool alles zurückzuzahlen, was er mir angetan hat. Und es ist ja auch gut, dass Timo zu mir hält. Aber plötzlich haben alle um mich herum eine Meinung zu der Sache. Es ist irgendwie gar nicht mehr meine Geschichte.

Wenn das Tor nicht gefallen wäre, dann hätte sich Timo vielleicht wirklich mit dem Idioten geprügelt. Und ich? Ich hätte wohl kaum tatenlos danebengestanden und zugesehen!

Ein schwacher Strahl läuft ins Pinkelbecken. Komisch, ich musste wohl doch nicht so dringend. Ich stapfe zurück, die Stufen hinauf und den Flur entlang. An der

Tür zum Büro des Fanbeauftragten ist ein Schild angebracht: *Wir müssen leider draußen bleiben.* Darunter sind Pistolen, Messer und ein Baseballschläger aufgemalt.

Im Vorbeigehen höre ich Stimmen aus dem Büro. Die Tür steht einen Spaltbreit offen.

„Klar, Kieferbruch ist ganz schön heftig", sagt eine Stimme, die mir bekannt vorkommt.

Eine andere Stimme fragt: „Hast du denn schon mit dem André gesprochen?"

Wie vom Blitz getroffen bleibe ich an der Tür stehen. Ich bin gemeint! Die reden über mich! Ich wage kaum zu atmen und höre heimlich zu, worüber die beiden reden.

„Nee, der war seitdem noch nicht wieder hier", sagt die erste Stimme wieder, die Holger gehören muss, dem Fanbeauftragten. Die andere Stimme habe ich noch nie gehört.

„Und was ist mit diesem Lukas?"

„Den habe ich zwar schon gesehen, aber noch nicht mit ihm gesprochen", sagt der, den ich als Holger identifiziert habe. „Irgendwie passt die Sache eigentlich nicht zu dem. Der hängt zwar ständig mit den anderen Glatzen rum, aber irgendwelche harten Aktionen habe ich von ihm noch nicht erlebt. Lukas ist auch nicht so häufig bei den Auswärtsspielen dabei wie die anderen. Irgendwie ist der am Bahnhof wohl total ausgeklinkt. Ich kenne die Jungs ja mittlerweile schon ganz gut. Lukas ist ein Mitläufertyp. So eine Nummer hätte ich eher von anderen erwartet. Von Atze zum Beispiel, der ist so eine Art Chef bei denen."

„Was machst du denn mit den Jungs? Hast du irgendwie Einfluss auf die?", fragt der andere.

„Ach, für die bin ich nur 'ne blöde Zecke und stecke mit den Bullen und Vereinsoffiziellen unter einer Decke. Aber du kannst die ja nicht alle über einen Kamm scheren." Holger lacht. „Ist ziemlich dämlich, bei Glatzen von ‚über einen Kamm scheren' zu reden, oder? Egal, du weißt, was ich damit meine. Bei diesem Atze zum Beispiel, da habe ich echt keine Chance. Der hat einfach keinen Respekt, vor niemandem. Bei Lukas ist das anders. Der interessiert sich wenigstens noch für ein paar Sachen. Unter anderem eben auch dafür, wie unser Team spielt. Das ist nicht bei allen so. Einigen kommt es wirklich nur auf die Hauerei an."

Plötzlich taucht Timo am anderen Ende des Flures auf. Ich lege den Zeigefinger auf meinen Mund und gebe ihm ein Zeichen, dass er still sein soll. Timo versteht. Auf leisen Sohlen schleicht er zu mir herüber.

„Sind das eigentlich alles Faschos?"

„Quatsch!", sagt Holger. „So richtig überzeugte Neonazis gibt es vielleicht zwei oder drei. Tendenziell rechts sind schon einige mehr. Aber die meisten haben nur Bock, sich zu prügeln, und sind sonst Durchschnittstypen. Denen würdest du ihr schwachsinniges Hobby im normalen Leben gar nicht ansehen. Das sind ganz brave Jungs, die am Wochenende die Sau rauslassen."

Eine Pause entsteht. Dann fragt Holger: „Was willst du denn jetzt in dem Fall unternehmen?"

„Ich weiß noch nicht. Letzte Woche war der Lukas bei meinem Kollegen und hat sich bereit erklärt, den Täter-Opfer-Ausgleich mitzumachen. Übermorgen kommt der André. Ich hoffe, der sagt auch zu. Am Telefon klang er noch ziemlich zögerlich. Wenn er zustimmt, werden wir beide miteinander konfrontieren. – So, genug gequatscht. Spielen wir noch eine Partie Billard?"

„Klar", antwortet Holger.

Aus dem Büro ist das Rücken von Stühlen zu hören. Ich bedeute Timo, mit mir in Richtung Ausgang zu verschwinden. Während wir durch den Flur zum Treppenhaus laufen, behalte ich die Bürotür im Auge. Aus sicherer Entfernung sehe ich, wie Holger mit einem anderen Typen den Raum verlässt. Er ist schlaksig und trägt einen Vollbart. Seine schwarzen Haare sind zu einem Zopf zusammengebunden. Ist das der Mensch, mit dem ich telefoniert habe?

„He, haben die etwa über dich gesprochen?", fragt Timo überrascht.

„Blitzmerker", knurre ich. „Über mich und diesen – Lukas." Es ist das erste Mal, dass ich den Namen von dem Idioten ausgesprochen habe.

„Und wer war der andere Typ?", will Timo wissen.

„Ich glaube, das war mein Betreuer", sage ich und erzähle ihm vom Täter-Opfer-Ausgleich, während wir das Fanprojekt verlassen.

„Ist doch Bullshit", kommentiert er. „Was soll das denn bringen?"

Ich weiß es auch nicht. Ich bin ja noch nicht einmal sicher, ob ich das Gespräch überhaupt will. Irgendwie geht mir das alles viel zu schnell. Alle um mich herum denken sich ihren Teil und scheinen ein Bild von diesem Lukas im Kopf zu haben. Dabei hat er doch mir den Kiefer gebrochen.

„Wir haben noch gar nicht zu Ende gespielt", unterbricht Timo meine Gedanken.

„Keinen Bock mehr", antworte ich. „Lass uns abhauen."

18. Kapitel (André)

Konfliktschlichtungsstelle Täter-Opfer-Ausgleich steht auf einem kleinen Schild an der Tür. Eine Viertelstunde bin ich vor dem Laden auf- und abgewandert, habe ein paarmal einen Blick durch die große Fensterscheibe in das Büro geworfen und mich nicht getraut hineinzugehen. Aber langsam wird es Zeit.

Ach, was soll's, denke ich, drücke die Klinke und erfahre als Erstes, dass ich trotz meiner Verspätung zu früh bin.

„Warte bitte einen Moment, mein Kollege telefoniert noch." Der Mann mit den blond gefärbten Haaren, der sich als Tom vorgestellt hat, verschwindet in der kleinen Küche nebenan. „Willst du etwas trinken?"

„Eine Cola wäre nicht schlecht", rufe ich zurück und schaue mich um.

In der Mitte des großen, hellen Raumes steht ein runder Holztisch auf dem abgeschliffenen Dielenfußboden. Unter der Decke dreht sich ein Ventilator und lässt die Blätter der vielen Grünpflanzen rascheln, die sich an den Wänden bis unter die Decke emporranken. An manchen Stellen sieht es aus wie im Urwald. In einer Ecke lädt ein kleines Sofa zum Relaxen ein, und auf dem niedrigen Tisch daneben liegen Zeitungen, Bücher und ein paar Comics.

Unruhig blättere ich in einer Zeitschrift und überfliege einen Sportartikel, ohne ihn wirklich zu lesen. Stattdessen stelle ich mir vor, wie dieser Lukas genau wie ich auf dem Sofa sitzt und gemütlich eine Cola trinkt. Arschloch!

Ich habe Hummeln im Hintern. Also wandere ich ziellos durch das Büro. Zwischen den Grünpflanzen hängen Poster an den Wänden. Wie in einem Reisebüro: unendliche Sandstrände, Palmen und hellblaues Meer.

Urlaub, denke ich, das wär's. Raus hier, vier Wochen lang einfach mal an nichts denken. Der ganze Frust und Ärger weit, weit weg.

Doch statt unter Südseepalmen zu liegen, wälze ich mich nachts von einer Seite der Matratze auf die andere und kann nicht schlafen. Ich denke an Fußball und versuche, die Ergebnisse der letzten Saison in der richtigen Reihenfolge aufzusagen, inklusive der Mannschaftsaufstellungen aller Partien. Wenn ich dann endlich einschlafe, wird es draußen meistens schon hell.

Mein Blick fällt auf eine Pinnwand in der Nähe der Eingangstür, an der lauter Notizen und die *kicker*-Stecktabelle hängen. Wie magnetisch angezogen bewege ich mich auf sie zu. Das Vereinsemblem des FC Hamburg steckt korrekt auf dem vierten Platz. Überhaupt kann ich in der ersten Liga keinen Fehler entdecken. Aber was ist mit der zweiten los? Aachen auf einem Abstiegsplatz? Das war vor drei Wochen so, aber seitdem haben die doch nur noch gewonnen. Ich nehme das kleine, schwarz-gelbe Pappschildchen heraus und tausche es mit dem Symbol von Oberhausen. Doch damit fängt die Arbeit erst an, denn von Platz 7 an abwärts stimmt überhaupt nichts mehr.

„Na, da weiß ja jemand wirklich Bescheid“, sagt plötzlich eine Stimme.

Erschrocken fahre ich herum. Ich habe gar nicht gemerkt, dass jemand hinter mir steht. Es ist der Mann, den ich schon im Büro des Fanprojekts gesehen habe.

Die dichten Brauen über den dunklen Augen in seinem zerfurchten Gesicht habe ich damals allerdings nicht erkennen können. Ein bisschen erinnert er mich an Paul Breitner.

„Ein Tag ohne Fußball ist ein verlorener Tag", antworte ich wie immer mit meinem Lieblingszitat.

„Oh, Ernst Happel!", sagt er.

Ich bin überrascht. Dass der Ausspruch von der österreichischen Trainerlegende stammt, wissen nur wenige. Mein Gegenüber kann mir meine Verwunderung ansehen.

„Michael Lambrecht, auch Fußballfan. Du bist André Maschner, stimmt's?", stellt er fest und bittet mich in sein kleines Büro.

Hier sieht es nüchterner aus als vorne. Ein grauer Schreibtisch mit Computer, ein langes Regal mit ein paar Büchern und einer Menge Aktenordnern und in der Ecke ein Tisch, an dem wir beide Platz nehmen.

Ich soll ihn Michael nennen, sagt er und will als Erstes wissen, wie lange ich schon FC-Fan bin.

„Neun Jahre. Eine Dauerkarte habe ich aber erst seit fünf Jahren", berichte ich.

„Dann hast du als Fan ja noch keinen Titel feiern dürfen. Na ja, aber dieses Jahr sieht es damit ja nicht schlecht aus."

„Das Endspiel in Berlin gewinnen wir auf jeden Fall", entgegne ich überzeugt. „Das wird das Spiel des Jahres!"

„Na, dein Wort in Gottes Ohr", lacht Michael. „Ich gönne der Mannschaft auf jeden Fall den Titel. Die spielen diese Saison wirklich guten Fußball."

Ich nicke zustimmend und will ihm schon erzählen, warum ich mir dessen so sicher bin, da wechselt er das Thema.

„Am besten ist, ich erzähle dir erst einmal, warum ich dich eingeladen habe“, eröffnet er den offensichtlich ernsten Teil der Unterhaltung. „Der Täter-Opfer-Ausgleich ist eine von verschiedenen Möglichkeiten innerhalb des Jugendstrafgesetzes. Es soll dir und dem Täter die Möglichkeit geben, miteinander zu reden …“

Ich tauche in Gedanken ab. Reden? Ich will nicht mit dem reden! Mit diesem Michael nicht und auch nicht mit dem scheiß Hooligan. Wozu auch? Mann, kapiert eigentlich noch irgendjemand etwas? Das, was der Typ mit mir gemacht hat, war doch keine Kleinigkeit, die man mal eben kurz in einem Gespräch bereinigt. So nach dem Motto: Oh, ihr hattet Streit? Na, dann setzt euch mal an einen Tisch und vertragt euch wieder. Ich bin doch kein kleines Kind, dem man im Sandkasten die Schaufel gestohlen hat. Dieses Arschloch hat mir sechs Wochen meines Lebens zur Hölle gemacht. Dafür soll der büßen! Mit Gefängnis oder was weiß ich. Und Schmerzensgeld will ich haben. Der Typ soll bluten!

Mann, wenn ich an den ganzen Stress mit Sanne denke! Den Job hab ich auch verloren, zumindest für die nächsten Monate. Und dann die vielen frustigen Abende allein in meiner Bude. Reden? Ha! So viel Strafe kann der gar nicht kriegen, dass er versteht, was er angerichtet hat.

„Hörst du mir überhaupt zu?“, unterbricht Michael meine Gedanken.

„Äh, ja“, stammle ich. „Ich war nur für einen Moment woanders …“

„Okay. Meine Aufgabe in dieser Angelegenheit …“, fährt Michael fort und ich tauche wieder in meine Gedankenwelt ab.

Dieser Lukas lacht sich doch tot über so ein blödes Gelaber. Und hinterher lauern mir seine Kumpels auf. So sind sie doch, diese verdammten Hools. Nichts in der Birne und immer ordentlich draufhauen. Die begreifen doch nichts. Dumm wie Brot. Stroh im Kopf, ehrlich. Denen geht es doch gar nicht um Fußball. Saufen wollen die und sich kloppen. Und alles kaputt machen. Die versauen einem das schönste Fußballspiel, weil sie immer Ärger suchen.

Ich werde nie verstehen, warum sich Menschen freiwillig mit anderen prügeln, sich dabei eine blutige Nase holen und das auch noch geil finden. Wie blöd muss man dafür sein? Wenn die sich wenigstens nur untereinander prügeln würden. Aber so läuft das ja nicht.

Dieser Ehrenkodex, den die angeblich haben, ist doch Blödsinn. Nie einem Unbeteiligten auf die Glocke geben? Von wegen! Warum ist der Typ dann auf mich los? Ich wollte mich ganz bestimmt nicht mit dem schlagen.

Dabei habe ich ja noch Glück gehabt. Mehr als der französische Polizist, den sie bei der Weltmeisterschaft 1998 fast zu Tode geprügelt haben. Echt, eine tolle Leistung, einem wehrlosen Mann, der am Boden liegt, noch mal ein paar kräftige Tritte zu geben. Der lag wochenlang im Koma und ist seitdem nicht mehr in der Lage, ein normales Leben zu führen. Kann nicht arbeiten, sich nicht konzentrieren und nicht mal mehr richtig sprechen. Sein Leben ist total ruiniert. Und auch das seiner Familie. Aber das ist den Hooligans ja egal. Hauptsache, die hatten ihren Spaß. Dieses ganze Gefasel von Ehrenkodex und fairem Kampf kannst du doch in der Pfeife rauchen! Und mit so einem soll ich reden?

„Mensch, André, du bist ja gar nicht bei der Sache. Woran denkst du denn die ganze Zeit?"

Erschrocken zucke ich vor der Hand zurück, die mich gerade angetickt hat.

„Komm, raus mit der Sprache. Was ist los?"

„Ach nichts. Nicht so wichtig", versuche ich abzuwiegeln. „Ich musste nur gerade an die Sache bei der WM 98 denken, wo sie den französischen Polizisten so fertiggemacht haben."

„Ich weiß, was du meinst."

„Mann, der war fast tot! Dagegen habe ich noch richtig Glück gehabt."

„Glück? Sag mal, spinnst du?" Michael sieht mich ungläubig an. „Wenn mir einer so ins Gesicht schlagen und mich berauben würde, ich ins Krankenhaus müsste, heftige Schmerzen hätte, wochenlang kein normales Leben führen könnte und sogar Angst um meinen Arbeitsplatz haben müsste – ich weiß nicht, wie ich das nennen würde. Aber ganz bestimmt nicht Glück!"

„Aber …", versuche ich zu protestieren, doch er lässt mich nicht zu Wort kommen.

„Nichts aber! Okay, das mit dem Polizisten ist eine ganz heftige Geschichte. Trotzdem darfst du auf Lukas sauer sein. Wieso willst du das relativieren?"

„Will ich ja gar nicht", höre ich mich selbst wie ein trotziges kleines Kind sagen. „Aber …"

„Jetzt hör endlich mit diesem idiotischen ‚Aber' auf. Bist du auf Lukas sauer oder nicht?"

„Ja, schon …", antworte ich gedehnt und kann das „Aber", das mir schon wieder auf der Zunge liegt, gerade noch hinunterschlucken.

„Na prima, da sind wir ja schon ein Stück weiter“, meint Michael. „So, und jetzt will ich noch von dir wissen, was du von Lukas erwartest.“

„Nichts“, quetsche ich heraus und verschränke die Arme vor der Brust. „Der soll mich nur in Ruhe lassen.“

„Hör mal, André“, sagt Michael. Seine Stimme hat plötzlich einen anderen Klang, nicht mehr so scharf, eher versöhnlich. „Ich weiß, dass es nicht leicht für dich ist, hier zu sitzen. Das fällt niemandem leicht, denn es gehört eine große Portion Mut dazu, jemandem, der einen verletzt hat, noch einmal gegenüberzutreten. Die meisten kneifen, weil sie die Sache am liebsten vergessen würden. Doch damit erreichen sie meistens das genaue Gegenteil.“

„Ich will, dass der ordentlich zahlen muss!“, schreie ich plötzlich.

„Ich meine etwas anderes“, sagt Michael. „Zahlen muss Lukas so oder so. Dir stehen ungefähr 1000 Euro zu, wenn man die Verletzungen und Folgeschäden mal überschlägt. Aber das können wir später regeln. Das soll nicht das Thema sein, wenn ihr miteinander redet.“

„Und was soll dann das Ganze? Warum muss ich den Typen unbedingt treffen? Ich weiß echt nicht, was das bringen soll.“

„Stell dir mal einen Stürmer vor, der gleich in der ersten Minute von seinem Gegenspieler böse gefoult wurde. Wenn der Stürmer jetzt Angst zeigt und seinem Gegner aus dem Weg geht, wird das Spiel an ihm vorbeilaufen. Aber wenn er den fairen Zweikampf mit dem Abwehrspieler sucht und den nächsten gewinnt, dann wird er auch wieder selbstbewusster und schießt vielleicht sogar noch ein Tor.“

„Na toll“, sage ich immer noch skeptisch. „Beim Fußball mag das stimmen. Aber wie soll so ein Zweikampf zwischen Lukas und mir aussehen? Und dann auch noch fair? Der weiß doch gar nicht, was das ist.“

„Das ist gar nicht so schwierig“, erklärt Michael. „Du hast die Möglichkeit, ihm alles ins Gesicht zu sagen, was du denkst. Und er kann und muss darauf reagieren. Vor einem normalen Gericht wäre das anders. Da würdet ihr euch nicht so unmittelbar gegenübersitzen. Da wären die Anwälte, der Richter und so weiter, und ihr beiden würdet nur noch eine untergeordnete Rolle spielen. Bei uns bist du die Hauptperson. Du sagst, was du fühlst. Und wenn du keine Lust mehr hast, mit Lukas zu reden, gibst du mir und meinem Kollegen einfach Bescheid. Dann pfeifen wir das Spiel ab. Wir sind sozusagen die Schiedsrichter, aber du allein bestimmst, wann die Partie zu Ende ist.“

„Das klingt nicht schlecht“, gebe ich zu. „Aber was ist, wenn mir der Abwehrspieler in der nächsten Situation gleich noch mal vors Schienbein tritt?“

„Davor brauchst du keine Angst zu haben“, versucht Michael mich zu beruhigen. „Das Mindeste, was Lukas versprechen muss, ist, dass er dich in Zukunft in Ruhe lässt. Die Gelbe Karte hat er schon. Beim nächsten Foul gibt es auf jeden Fall die Rote. Und das bedeutet dann Gerichtsverhandlung, mit allen möglichen Konsequenzen bis hin zum Knast. Das weiß der ganz genau. Mein Kollege hat schließlich auch ein intensives Gespräch mit ihm geführt.“

Ich brauche eine Pause. Ich bin durcheinander und muss nachdenken.

„Kann ich noch eine Cola haben?“, frage ich und bin erleichtert, dass Michael sofort in die Küche geht und mich für einen Augenblick allein lässt.

Tausend Bilder jagen mir durch den Kopf. Der Bahnsteig und mein kalter Hintern in der Bierpfütze; wie ich zu Hause an der Gegensprechanlage stehe und misstrauisch nachfrage, wer geklingelt hat; wie ich mich in der Stadt eine Zeit lang immer wieder umgeschaut habe, weil ich dachte, jemand würde mich verfolgen; die Szene an der U-Bahn-Station und mein Ausraster im Stadion am vergangenen Wochenende …

Michael stellt die Cola auf dem Tisch ab. „Erinnerst du dich noch an Toni Schumacher, den ehemaligen Nationaltorwart?“, fragt er und setzt sich wieder.

„Na klar, der ewig beim 1. FC Köln gespielt hat.“

„Damals, bei der Weltmeisterschaft 1982, hat er im Halbfinale den französischen Spieler Battiston ganz böse gefoult und ihm dabei eine Gehirnerschütterung und mehrere Wirbelverletzungen zugefügt.“

Ich weiß, was Michael meint, auch wenn ich damals noch gar nicht geboren war. Die Szene wird manchmal heute noch im Fernsehen gezeigt, und mein Vater hat mir auch davon erzählt. Das war eines der brutalsten Fouls aller Zeiten, und Schumacher hat dafür noch nicht mal die Rote Karte bekommen.

„Alle haben sich damals furchtbar über das Foul aufgeregt“, erzählt Michael weiter. „Und zwar zu Recht. Einige Zeit später haben sich Schumacher und Battiston dann getroffen und über die Sache geredet. Schumacher hat danach gesagt, dass er sich seit dieser Geschichte bemüht, stets zuerst den Menschen und nicht den Gegner zu sehen. So eine Chance könntest du Lukas auch geben."

Harald „Toni" Schumacher. Das war eine echte Type! Ich erinnere mich noch an die Tränen in seinen Augen bei der Ehrenrunde nach seinem Abschiedsspiel.

Vielleicht sollte ich diesem Lukas wirklich noch eine Chance geben. Allerdings – so ganz wohl ist mir immer noch nicht bei dem Gedanken, dem Hooligan allein gegenüberzutreten.

„Darf meine Freundin Sanne mitkommen?", frage ich. „Die war doch auf dem Bahnhof auch dabei."

„Seit wann laufen faire Zweikämpfe zwei gegen einen?", fragt Michael lächelnd.

„Also gut", willige ich nach kurzem Nachdenken ein. „Ich mach's."

„Super! Ich wusste doch, dass du mutig bist", freut sich Michael.

Er steht auf, um seinen Kalender vom Schreibtisch zu holen, und schlägt einen Termin für das Treffen vor. Nächste Woche Donnerstag. Mir wird ein wenig flau bei dem Gedanken, Lukas schon so bald gegenüberzutreten. Aber wer weiß, vielleicht bringt es ja tatsächlich was, mit dem Typen zu reden.

Michael beendet das Gespräch, begleitet mich noch durch den hellen Eingangsraum zur Tür und verabschiedet sich. Die Tür fällt hinter mir ins Schloss. Ich schaue gedankenverloren in den strahlend blauen Himmel. Ein Düsenflieger jagt vorbei. Ich sehe ihm nach, bis er am Horizont nur noch ein winzig kleiner Punkt ist. Und plötzlich fällt mir ein, was ich Lukas als Erstes fragen werde: Warum gerade ich?

Epilog

„Berlin, Berlin – wir fahren nach Berlin!“ Sprechchöre dröhnen unter dem geschwungenen Glasdach des Hamburger Busbahnhofs. Fast fünfhundert Fußballfans warten an diesem Samstagmorgen auf die Abfahrt in Richtung Hauptstadt, und es kommen immer noch weitere Grüppchen von Anhängern hinzu. Stolz werden selbst gemalte Transparente entrollt und den anderen vorgeführt. *HEUTE KÖNNT IHR HELDEN WERDEN* steht in großen Lettern darauf und *90 MINUTEN BIS ZUR UNSTERBLICHKEIT.* Die besten Sprüche werden gleich in Sprechchöre umgewandelt. Irgendeiner verbraucht schon jetzt sein gesamtes Konfetti.

„Hast du die Tickets auch wirklich nicht vergessen?“, fragt Sanne nervös.

„Hier, damit du mir endlich glaubst“, sagt André, zieht die Eintrittskarten und zwei Fahrscheine aus seinem Portemonnaie und zeigt sie seiner Freundin.

Sanne lächelt zufrieden und gibt ihm einen Kuss.

Plötzlich geraten die Fans um sie herum in Bewegung. Von der Straße aus biegen zehn Busse hintereinander in den Busbahnhof ein und kommen in den verschiedenen Haltebuchten zum Stehen. Jeder hat eine andere Nummer in der Windschutzscheibe kleben. Die Fans greifen nach ihren Taschen und sammeln die Fahnen und Spruchbänder zusammen. Auch Sanne und André machen sich auf den Weg zu ihrem Gefährt mit der Nummer 6. Vor der geschlossenen Eingangstür hat sich bereits eine große Traube gebildet, doch der Fahrer lässt noch niemanden einsteigen. Weitere Fans drängen von hinten nach, sodass es immer enger wird. André dreht seinen Kopf, schaut in die Menge hinter sich – und erschrickt. Nur ein kleines Stück entfernt entdeckt er Lukas!

André knufft Sanne mit dem Ellenbogen in die Seite und deutet mit einem Kopfnicken zu Lukas hinüber.

„Was will der denn? Verfolgt der dich etwa?"

„Das soll der bloß mal wagen. Bei unserem Gespräch vor zwei Wochen hat er versprochen, mich in Ruhe zu lassen", antwortet André, und unweigerlich wandern seine Gedanken zurück zu dem Treffen in der Schlichtungsstelle.

Zuerst hatte André sich gar nicht getraut, Lukas anzusehen. Aber als er schließlich doch anfing, von seiner Leidenszeit zu berichten, von diesen unendlich langen sechs Wochen, wurde es langsam besser. Es tat richtig gut, dem Blödmann ins Gesicht zu sagen, was ein einziger Schlag von ihm bewirkt hatte. André wurde immer ruhiger und empfand schließlich gar keine Wut mehr.

Lag es daran, wie harmlos Lukas wirkte? Ganz klein machte er sich auf seinem Stuhl, den Blick auf den Boden gerichtet, und versuchte zu erklären, warum er auf dem Bahnhof so wütend geworden war. Stotternd sprach er von seinen Problemen, und plötzlich tat er André sogar leid. Mitleid? Mit dem? Seltsam. Am Ende hörte André dann aber doch noch das wichtige Wort aus Lukas' Mund: „Entschuldigung." Wie von einem bösen Fluch befreit war André nach Hause gegangen – und hatte sich beinahe so wie nach einem Sieg des FC gefühlt.

Seitdem ist das Leben wieder richtig schön. Mit Sven hat er sein Moped flottgemacht und ist mit ihm am ersten heißen Tag an den Baggersee gefahren. An Lukas hat er nicht einen einzigen Gedanken mehr verschwendet. Warum auch?

Doch jetzt stehen sie hier ganz dicht beieinander. Diesmal sitzen keine Betreuer zwischen ihnen wie bei dem Schlichtungsgespräch. Dies ist das wahre Leben, sozusagen. Aber André spürt keine Angst. Er mustert Lukas, der sich gerade mit einem dunkelhaarigen Typen unterhält, der neben ihm steht.

Plötzlich werden André und Sanne nach vorne geschoben. Die Bustür wurde mittlerweile geöffnet und die Fußballfans drängeln sich an einem Ordner vorbei in das Gefährt.

Auch Lukas steht mitten im Gedränge. Er hat André und Sanne längst entdeckt, es aber vermieden, zu ihnen hinüberzuschauen. Die haben ihm gerade noch gefehlt! Bloß nicht wieder so dumm dastehen wie bei diesem Gespräch vor zwei Wochen. Da hatte er sich noch nicht einmal getraut, diesem André ins Gesicht zu schauen. Am liebsten hätte er nicht nur zu Boden gestarrt, sondern sich auch noch die Ohren zugehalten. Er tat es nicht und hörte sich stattdessen Wort für Wort an, wie sein Gegenüber schilderte, unter welch furchtbaren Bedingungen er sechs Wochen lang gelebt hatte. Da tat der Typ ihm schon leid.

Insgesamt ist die Sache für ihn glimpflich abgelaufen – das weiß Lukas. André war mit 800 Euro Schmerzensgeld einverstanden. Die kann Lukas mit Sozialstunden in einem Kindergarten abarbeiten. Dreimal war er jetzt schon nach der Schule da. War gar nicht so schlimm. Mit den Kids ist er ganz gut klargekommen. Und Moritz, einer der Erzieher, ist auch ganz okay. Mit dem kann man reden, das hat Lukas gleich gemerkt – vor allem über Fußball. Vergangenen Donnerstag hat Moritz ihn sogar gefragt, ob er nicht mit zum Pokalendspiel fahren möchte. Ein Freund von ihm hätte kurzfristig abgesagt. Zuerst konnte Lukas es gar nicht glauben. Doch jetzt steht er tatsächlich hier mit Moritz am Busbahnhof!

Ob René und die anderen auch nach Berlin fahren? Lukas weiß es nicht und es ist ihm auch egal. Als er mit René über seinen Ausgleich mit André sprechen wollte, hat der gar nichts kapiert. „Haben die Sozial-Fuzzies dich also um den Finger gewickelt?“, hat er nur gesagt und dann geätzt: „Du bist echt voll das Opfer, Lolly.“ Seitdem vermeidet es Lukas, mit seinem ehemals besten Kumpel und den anderen herumzuziehen.

André trennt nur noch ein Schritt von der Bustür, als er sich noch einmal umdreht. Nur wenige Zentimeter entfernt, die Brust an Andrés Rucksack gedrückt, steht Lukas und schaut ihm direkt ins Gesicht. Für ein paar Sekunden verharren sie wie bei einem Duell. Schweigend, Kopf an Kopf.

Bis Lukas den Mund öffnet. „Heute gewinnen wir“, sagt er mit dünner Stimme.

„Ja, klar!“, antwortet André. Dann zeigt er dem Ordner sein Ticket. Der nickt und gibt stumm den Eingang frei …